# Los milagros del Arcángel Miguel

# Los milagros del Arcángel Miguel

**Doreen Virtue**

Grupo Editorial Tomo, S.A. de C.V.,
Nicolás San Juan 1043,
03100, México, D.F.

1a. edición, noviembre 2010.
2a. edición, junio 2011.
3a. edición, enero 2012.

© *The Miracles of Archangel Michael*
por Doreen Virtue, Ph. D.
Copyright © 2008 por Doreen Virtue, Ph. D.
Publicación original en inglés 2008 por
Hay House, Inc.

© 2012, Grupo Editorial Tomo, S.A. de C.V.
Nicolás San Juan 1043, Col. Del Valle
03100 México D.F.
Tels. 5575•6615, 5575•8701 y 5575•0186
Fax. 5575•6695
http://www.grupotomo.com.mx
ISBN-13: 978-607-415-236-4
Miembro de la Cámara Nacional
de la Industria Editorial No 2961

Traducción: Ivonne Saíd Marínez
Diseño de portada: Karla Silva
Formación tipográfica: Armando Hernández R.
Supervisor de producción: Leonardo Figueroa

Derechos reservados conforme a la ley.
Ninguna parte de esta publicación podrá ser reproducida o
transmitida en cualquier forma, o por cualquier medio
electrónico o mecánico, incluyendo fotocopiado, cassette,
etc.,sin autorización por escrito del editor titular del Copyright.

Este libro se publicó conforme al contrato establecido entre
*Hay House, Inc.* y *Grupo Editorial Tomo, S.A. de C.V.*

Impreso en México – *Printed in Mexico*

# Contenido

Introducción . . . . . . . . . . . . . . . . . . . . . . . 7
1. Ve a Miguel . . . . . . . . . . . . . . . . . . . . . . 13
2. Escucha la voz de Miguel . . . . . . . . . . . 49
3. Siente la presencia de Miguel . . . . . . . . 69
4. Miguel, el protector divino . . . . . . . . . . 81
5. Ayuda humana de parte de Miguel . . . . . 99
6. El arcángel Sr. arregla todo . . . . . . . . . . 125
7. Miguel elimina miedos fobias
   y negatividad . . . . . . . . . . . . . . . . . . . . . 149
8. Arcángeles Miguel y Rafael . . . . . . . . . . 183
9. Invoca a Miguel en nombre
   de otra persona . . . . . . . . . . . . . . . . . . . 195
10. Miguel te ayuda con la carrera
    y la misión . . . . . . . . . . . . . . . . . . . . . . . 205
    Epílogo . . . . . . . . . . . . . . . . . . . . . . . . . 217
    Acerca de la autora . . . . . . . . . . . . . . . . 221

Para el arcángel Miguel,
con gratitud eterna.

⚜ ⚜ ⚜

## Introducción

ÉSTE ES un libro, que no pertenece a ninguna religión, sobre el arcángel Miguel, un poderoso ser celestial que protege, guía, repara y sana. Miguel interactúa con el mundo físico, y lo afecta, desde su dimensión no física. A veces, como leerás en estas páginas, hasta se aparece en forma de persona tridimensional.

El arcángel Miguel es la mano derecha de Dios en el cumplimiento de la misión de traer paz a la Tierra, erradicando los miedos y el estrés. Los ingeniosos métodos de Miguel son ilimitados, igual que su capacidad para estar con muchas personas al mismo tiempo. Y como es ilimitado, Miguel está disponible —por supuesto, dice él— para ayudarte a ti y a quien sea con cualquier situación que produzca paz.

La palabra *arcángel* (que se pronuncia AR-Cangel) proviene de la frase griega "el mensajero más importante de Dios". *Arch* significa "el primero" o "el más importante", y *ángel* quiere decir "mensajero de Dios". Miguel es un nombre hebreo y babilonio que significa "el que es como Dios". Así, *arcángel Miguel* significa "el mensajero más importante, ése que es como Dios". En otras palabras, Miguel trae mensajes de amor puro, sabiduría y fuerza directamente del Creador.

Miguel es el único ángel al que se le confirió el título de "arcángel" en la Biblia, donde también se le conoce como "uno de los príncipes principales". En los libros de Daniel y Revelaciones se describe cómo Miguel da protección en tiempos difíciles.

Incontables leyendas, en particular en las tradiciones cristiana, judía, islámica y celta, dan cuenta de la célebre fuerza y sabiduría del arcángel Miguel. Sin embargo, este arcángel no está relegado sólo a las páginas de los textos sagrados. Está bastante vivo, y con nosotros, en estos tiempos. De hecho, es muy posible que te haya ayudado, sobre todo si lo has invocado. Quizá hasta te guió a este libro.

Pero antes de continuar, quiero aclarar un par de puntos:

1. **Miguel no quiere ser adorado**. Él brinda toda la gloria a Dios y no desea que se le adore. Es un intercesor entre Creador y creado (es decir, *nosotros*). Así que lo invocamos sin rezarle, que es una distinción sutil, pero importante.
2. **Miguel es ilimitado**. Es capaz de estar con todos al mismo tiempo y tener experiencias individuales y únicas. Así que no te preocupes porque puedas molestarlo con una supuesta petición pequeña. Miguel aspira a ayudar a los humanos a lograr la paz mun-

dial, persona por persona. Por eso quiere brindarte ayuda con lo que sea que *te* dé paz.

Aunque a Miguel se le asocia con ciertas religiones, lo cierto es que ayuda a todo el mundo. Ama a todas las personas de manera incondicional, igual que Dios. A pesar de lo poderoso que es, Miguel interviene en tu vida sólo si le das permiso, ya que no puede violar tu libre albedrío. Por eso, es necesario que solicites su ayuda para que te la brinde.

Escribir este libro me sumergió en la costumbre de invocar al arcángel Miguel. Admiro a los escritores de las historias que conforman este libro, porque todos tuvieron el aplomo de llamar a Miguel en tiempos difíciles. Cuando algo nos pasa, es muy fácil decir: "¡Diablos!" (o incluso algo más fuerte), pero es un hábito mucho más productivo exclamar simplemente: "¡Arcángel Miguel!".

Dios y los ángeles, incluyendo a Miguel, responden a cualquier llamada de auxilio. Así que puedes pedirlo en voz alta, en silencio, por escrito o con una canción. Solicita su asistencia a través de una invocación tradicional, una afirmación o incluso un "¡Auxilio, Miguel!". Lo importante no es *cómo* pidas, sino que lo hagas.

Entonces, ¿por qué llamar a Miguel cuando puedes pedirle ayuda a Dios directamente? Ciertamente, lo mejor es seguir tus creencias religiosas y espirituales, y si sientes que es preferible hablar sólo con Dios, ése es sin duda tu mejor camino. He aprendido que cuando solicitas la asistencia del Creador, los ángeles son los mensajeros que intervienen. En otras palabras, los resultados son los mismos, no importa que pidamos ayuda a Miguel o a Dios. Puedes pedirle al Todopoderoso que te mande a Miguel, o puedes invocar al arcángel directamente.

Como el papel principal de Miguel es el de protector (es el santo patrón de los oficiales de policía y del personal militar), te protege de las energías bajas. Si te preocupa la integridad de las personas o los espíritus, llámalo. Igual que el cadenero de un centro nocturno sagrado, Miguel se asegura de que se te acerquen sólo seres de amor y luz puros. Asistido por una legión de ángeles conocida como la "Banda de la Piedad", Miguel también trabaja con Jesús, los santos, otros arcángeles y demás deidades religiosas.

La mayoría de aquellos que contribuyeron con sus historias para la creación de este libro, ha visto, sentido o escuchado al arcángel Miguel. Descubrirás que no *hicieron* nada para invocar la aparición, simplemente pidieron su ayuda sin aferrarse al *cómo* ocurriría. El arcángel Miguel siempre dice que sí cuando solicitas su ayuda y puedes contar con que ésta se presente de manera perfecta y sorprendentemente encantadora.

En los siguientes cuatro capítulos, exploraremos cómo este ser celestial se comunica con nosotros a través de nuestros sentidos físicos. *Tu* encuentro con el arcángel

Miguel bien podría ser muy similar a los relatos de este libro, pero con sus diferencias únicas. Eso es porque Miguel recurre a la computadora más compleja, precisa y maravillosa del universo: la sabiduría Divina e infinita de Dios. Así, cada interacción y rescate de Miguel está hecho a la medida para la persona y las circunstancias en particular.

# Capítulo 1

## Ve a Miguel

EN INNUMERABLES imágenes, el arcángel Miguel es representado como una deidad musculosa con alas y facciones nórdicas, parado sobre el pico de una montaña y sosteniendo una espada y un escudo.

Las descripciones de aquellos que han visto al arcángel concuerdan mucho con esas imágenes. Cuando la gente ve a Miguel, por lo general lo describe como muy alto, con mirada exótica y radiante. No es precisamente rubio y bronceado, como normalmente lo plasman, porque no tiene cabello ni piel, pero la luz dorada que emana de él hace que parezca que tomó el sol en el verano.

Aunque Miguel aparece cuando lo llamas, es más probable que sientas su presencia más que verlo con los ojos. Pero si lo ves, las historias de este capítulo te darán pistas de cómo es su imagen visual.

## Los niños ven ángeles

Los bebés y los niños pequeños están sumamente conscientes de la presencia de los ángeles. Observa a los niños y verás cómo escanean el perfil de sus padres, concentrándose en las hermosas luces que danzan alrededor de los hombros de sus madres (¡que son los ángeles de la guarda!). Parece que los bebés sonríen sin razón aparente, pero yo creo que su felicidad es porque ven a los ángeles que los acompañaron en su viaje desde el Cielo.

Los llamados amigos imaginarios son ángeles reales que los niños ven y escuchan. Si los padres escuchan las historias de ángeles de sus hijos con respeto y sin prejuicios, ayudarán a que sus pequeños confíen en su intuición. Como la mente y el corazón de los niños están abiertos a nuevas experiencias, se comunican fácilmente con los ángeles. De hecho, un estudio realizado en la década de 1980 en la Universidad del Estado de Ohio, descubrió que los niños tenían el número más elevado de experiencias psíquicas comprobables, en comparación con otros segmentos.

¡Considero que los niños son estupendos maestros espirituales! Así como la joven Juana de Arco y Bernadette de Lourdes contribuyeron enormemente en el mundo, escuchando la voz Divina a pesar de las fuertes críticas, nosotros también podemos aprender mucho de las experiencias de los niños.

Me parece especialmente fascinante que los pequeños, como Meryn, la hija de Sandra Slaght, describen las características clásicas de Miguel sin haber visto imágenes de él o escuchado su descripción. Sandra explica:

*Estaba en medio de mi divorcio y una amiga acababa de darme una copia del libro* Sanación con ángeles, *de Doreen. Nos habíamos mudado del hogar familiar a una casa nueva. Meryn, mi hija de tres años, tenía miedo de dormir en su nuevo cuarto, así que se subió a mi cama. Había terminado de leer sobre el arcángel Miguel, y le expliqué a Meryn que cuando sintiera miedo, lo llamara para que la protegiera.*

*Y ella exclamó: "¡Ah, sí!", como diciendo que por qué no se le había ocurrido antes, y después comentó: "Sí, mami, es el de la espada grande".*

*Antes de leer sobre él en el libro de Doreen, ¡ni siquiera sabía que traía una espada grande! Así que no había manera de que Meryn supiera de la espada distintiva de Miguel, ¡a menos que ya lo hubiera visto!*

Los relatos de los niños sobre arcángeles nos brindan la tranquilidad de que nosotros, los adultos, no nos imaginamos a Miguel con su espada como resultado de expectativas preconcebidas.

Los padres suelen preguntarme cómo ayudan a sus hijos cuando tienen pesadillas nocturnas o insomnio provocados por imágenes aterradoras que ven en sus recámaras. Estos pequeñitos no sólo imaginan monstruos en el clóset o cocodrilos debajo de la cama. A veces, la sensibilidad de los niños atrae espíritus atados a la tierra que vagan entre los vivos después de morir. Aunque esas entidades no causan daño, su presencia incomoda a la gente sensible.

Creo que es esencial que los padres hablen a sus hijos del arcángel Miguel, que aleja a esos seres. Los niños se sienten con poder si saben que pueden pedirle protección física y espiritual, como su mamá le enseñó a Celeste Amour, de tres años. Su madre cuenta la siguiente historia:

> *Celeste, mi hija de tres años, nos cuenta a mi esposo y a mí sobre las personas que se le acercan y de los amigos especiales que tiene y que sabemos que son espíritus. Siempre la he alentado a que invoque a sus ángeles para pedirles ayuda y hemos sostenido muchas conversaciones abiertas sobre cómo esos seres nos protegen a todos.*
>
> *Hace poco, Celeste pasó momentos difíciles por culpa de un espíritu masculino que no dejaba de verla. Eso le provocaba pesadillas y se negaba a ir a dormir. Se quejaba de que "el hombre con el hoyo en su cuello" no dejaba de visitarla.*
>
> *Con tan sólo tres años, era obvio que Celeste estuviera asustada y no entendiera la aparición. La animé para que llamara a sus ángeles y dijera oraciones de protección, lo que funcionó por*

*un tiempo. Sin embargo, no pasó mucho antes de que el hombre volviera y Celeste se angustiara de nuevo.*

*Así que llamé a un guía espiritual para que nos ayudara. Me enseñó cómo invocar al arcángel Miguel, y nos explicó que el hombre que Celeste veía no había tenido una buena muerte y la buscaba para que lo ayudara.*

*Esa noche, mi hija estaba aterrada y no quería dormirse porque el espíritu iba a venir. Le expliqué que si llegaba, tenía que pedirle al arcángel Miguel que la ayudara y le dijera a la aparición que se fuera a la luz.*

*A la mañana siguiente, Celeste me abrazó y me anunció de inmediato: "Ya se fue el hombre con el hoyo". Y continuó: "¡El arcángel Miguel llegó volando a mi cuarto! Se acostó conmigo. Me acomodé en su ala y me dijo: 'No llores, Celeste', y me quedé dormida".*

*Eso fue lo más hermoso que jamás había escuchado, y yo estaba sobrecogida de alegría por ella. El arcángel Miguel se convirtió rápidamente en el nuevo amigo de Celeste, y desde entonces no ha vuelto a ver al hombre con el hoyo.*

Aunque es útil y sano que los padres hablen a sus hijos de los ángeles (sobre todo de cómo invocar al arcángel Miguel durante situaciones estresantes), a veces no es necesario. Con mucha frecuencia, los niños conocen a Miguel porque él y el resto de los ayudantes celestiales los visitan y les enseñan directamente, como sucedió con la hija de Maria Taylor:

*Cuando Rachel, mi hija, que tenía siete años, y yo estábamos viendo la imagen de un ángel, me preguntó quién era. Le dije que no estaba segura, pero que podía ser el arcángel Uriel.*

*—Bueno, no es el arcángel Miguel, ¡eso lo sé! —dijo Rachel con convicción.*

*—¿Ah, no? —le pregunté—. ¿Cómo lo sabes, Rachel?*

*Ella me miró como si yo debiera saber y dijo con total naturalidad:*

*—¡Porque no se parece a él!*

*Mi curiosidad surgió y respondí:*

*—Está bien, mi amor, ¿cómo sabes cómo es? Me esforzaba mucho por no sonar como si no le creyera, y escogía mis palabras con mucho cuidado para no influir en mi hija. Pero no tenía de qué preocuparme porque Rachel dijo simplemente:*

*—Porque lo he visto.*

*—¿Y cuándo lo viste, mi amor? —le pregunté.*

*—Una noche que tenía miedo y quería ser valiente. Estaba muy asustada y vi un hombre que tenía una brillante luz blanca a su alrededor —me explicó.*

*—¿No te asustaste, Rachel? —le pregunté.*

*—No —respondió—, porque me dijo que no tuviera miedo.*

> *Me agaché y le pregunté:*
> *—Pero ¿cómo sabes que era Miguel?*
> *Me miró directamente a los ojos y me contestó:*
> *—¡Porque él me dijo quién era cuando le pregunté! Me arropó en la cama y dijo: "No tengas miedo, soy Miguel".*
>
> *Rachel duerme tranquilamente sabiendo que el arcángel Miguel la cuida.*

Habla abiertamente con tus hijos sobre cómo invocar al arcángel Miguel para que los proteja. Tú y tu niño pueden trabajar con él en el marco de tus tradiciones religiosas; por ejemplo, pidiéndole a Dios que mande a Miguel, o solicitando la presencia de Jesús y de Miguel. El arcángel no pertenece a ninguna religión, así que ayuda a todo el mundo con mucho gusto.

A continuación, algunas sugerencias correspondientes a cada edad para comenzar a hablar de los ángeles con tu hijo:

- **Preescolar:** Lean juntos un libro infantil sobre ángeles. Enséñale las fotografías, hazle preguntas a tu hijo o hija, y permite que se exprese con libertad. Responde las preguntas de tus hijos con sinceridad.
- **Primaria:** Hagan dibujos de personas y ángeles mientras hablan sobre qué sienten tu hijo y tú con respecto a esos mensajeros celestiales y si han tenido experiencias con ellos. (Mantén tu conversación muy alentadora, y evita hablar de cualquier cosa que pudiera asustar al niño).

- **Secundaria:** Miren una película o un programa de televisión con tema de ángeles, y hablen honestamente de sus reacciones entre sí. Permite que tus hijos expresen sus opiniones con libertad.
- **Preparatoria:** Escuchen canciones modernas de ángeles, como "Calling All Angels", de Train; "Angel", de Sarah McLachlan; o "She Talks to Angels", de Black Crowes.

Los puntos importantes de la discusión son:

1. Tú, el padre, estás dispuesto a escuchar los sentimientos y los pensamientos de tus hijos sobre los ángeles sin prejuicios. Si los niños sienten que los escuchas, se abren más para escuchar tus consejos y tus enseñanzas.
2. Háblale a tu hijo del arcángel Miguel y de cómo está dispuesto a ayudar a quien se lo solicita.
3. Existen muchas maneras de invocar a Miguel, todas igual de eficaces. Tu hijo puede decir o pensar el nombre del arcángel, mirar una imagen de él, desear que venga, o escribir su nombre en una hoja y colocarla bajo la almohada. Miguel es el ángel más poderoso, y es completamente ilimitado, así que confía en que responderá al llamado de tu hijo. Él se asegurará de que sólo ángeles del amor puro de Dios acompañen a tu pequeño.
4. Una vez que tu niño o niña invoque a Miguel, el miedo suele desvanecerse pronto, ya que su mera presencia tiene un efecto tranquilizador.

5. Pide a tu hijo que comparta contigo las experiencias con Miguel y se acerque a ti si tiene dudas.

## Mira las señales de Miguel

Más que ver al ángel en sí, la mayoría de la gente ve evidencia de la presencia de Miguel. Es un comunicador muy claro y es muy probable que escuches su guía en tu mente o la sientas como presentimiento. No obstante, para hacerse entender, Miguel también manda señales físicas como plumas para que confíes en que su guía es real.

Puedes decirle a Miguel: "Por favor, envíame una señal del mundo físico que pueda distinguir y entender con facilidad", o palabras con esa intención. No especifiques qué clase de señal quieres, deja esa decisión a los ángeles. Una vez que pidas una, *aparecerá*, sólo es cuestión de que la veas. Pero, como Susan lo comprobó, casi todas las señales de Miguel son claras como el agua:

> *Sean, mi hijo, y yo fuimos al parque una noche antes de que se fuera a un viaje de quince días a Australia con otros estudiantes Embajadores Gente a Gente que acababan de terminar la secundaria. Al principio, me preocupaba que Sean estuviera muy joven para participar en un viaje tan lejos de casa.*
>
> *Pero mi preocupación quedó atenuada por el obvio entusiasmo de Sean hacia las maravillas*

*que viviría recorriendo Australia, y con esta certeza, me envolvió una fuerte paz interna. Sabía que debía dejar que las cosas tomaran su curso y parar de preocuparme. Sin duda, los obstáculos se superaron y pagamos y planeamos su viaje.*

*Así que allí estaba yo, en el parque, disfrutando los últimos momentos con mi hijo, grabándome una imagen mental de él jugando en el río cuando, limpiándome una lágrima, le pedí a Dios una señal clara de que Sean regresaría a casa sano y salvo.*

*Recibí la respuesta bastante rápido cuando nos dimos la vuelta para dirigirnos caminando al auto. Allí, en medio de la calle, justo detrás de mí, había una carta con la imagen sagrada del arcángel Miguel. No la vimos momentos antes, cuando nos dirigíamos al río, y nadie más llegó en el tiempo que estuvimos allí. Después de eso, los dos supimos que no había de qué preocuparse. ¡Y no lo hicimos!*

Muchas veces, Miguel manda señales sólo para hacernos saber que está con nosotros y para disminuir el miedo a estar solos o sin guía. Relatos como el siguiente de Liv Lane me hacen pensar que el arcángel Miguel es un artista que firma su obra:

*Durante varias semanas, mi pequeño hijo había estado teniendo problemas para dormir porque sentía seres desagradables en su recámara. In-*

> *tentamos toda clase de cosas para aliviar sus miedos, pero seguía sin poder dormir. Estaba desesperada por conseguirle ayuda (¡y lograr que todos pudiéramos dormir!), pero no sabía qué hacer.*
>
> *Entonces, una tarde mientras hacía unos mandados, pensé en el arcángel Miguel y empecé a pedirle guía y ayuda con mi hijo. Entré a un estacionamiento para poner en orden mis pensamientos, y de repente descubrí un pequeño, pero intenso arco iris en el cielo. Empecé a reírme porque me di cuenta de que el arco iris estaba justo sobre una tienda de manualidades llamada Miguel. Lo tomé como una clara señal de que el arcángel había recibido mi mensaje y estaba feliz de ayudarme.*

Las señales también aparecen en respuesta a preguntas que haces. Cuando te sientas estresado o conflictuado, tómate un momento para pedir la guía de Dios y de los ángeles. Ellos responden de inmediato y casi siempre acompañan su mensaje con una señal física, como lo descubrió una mujer de nombre Oceanna:

> *El arcángel Miguel es sin duda mi ángel favorito para contactarlo porque es una presencia muy fuerte y llena de amor, y porque tiene un increíble sentido del humor.*
>
> *Uno de mis ejemplos favoritos es cuando me sentía muy vulnerable y sobrepasada. Iba mane-*

*jando mi auto, conversando con Dios y los ángeles sobre mis sentimientos, desahogando mi corazón de verdad.*

*"¡Ay, ángeles!", suspiré, con una lágrima corriendo por mi mejilla. "¿Qué tengo que hacer?".*

*En cuanto pronuncié estas palabras, algo a mi izquierda atrajo mi mirada. Era un letrero electrónico enorme en el que se leía con grandes y centelleantes letras mayúsculas: ¡PREGÚNTALE A MIGUEL! Estaba tan alterada, ¡que había olvidado pedir su ayuda!*

*Comencé a reír, y mi corazón se inflamó de amor hacia este hermoso y magnífico ser de luz. Sabía que el arcángel Miguel estaba conmigo, y mi corazón roto recibió una sanación estupenda. Me sentí muy amada y protegida en ese momento, y justo entonces dije una oración de gratitud y pedí que interviniera en mi situación.*

*Todo se resolvió en el lapso de uno o dos días. Encontré el valor de decir mi verdad y seguir adelante con mi vida. Sé que Miguel estuvo a mi lado en todo momento, envolviéndome con sus gloriosas alas. Mi relación con el arcángel continúa creciendo porque aprendo algo de él todos los días. Nunca olvido pedir su ayuda y su guía pero sé que si un día no lo hago, ¡él estará allí para recordármelo!*

Las señales de los ángeles demuestran su maravilloso y amoroso sentido del humor. La de Oceanna fue una señal literal que le recordó que Dios y los ángeles no podían intervenir y minar su libre albedrío, a menos que primero solicitara ayuda. Me encanta esta historia porque es un mensaje muy claro de allá arriba.

Pero las señales de los ángeles no siempre son tan literales como las de Oceanna; a veces, son más sutiles, como cuando Susie Sparks le pidió una señal a Miguel:

*El otro día, estaba preparándome para subirme a mi bicicleta. Había hecho el compromiso de hacer ejercicio todas las mañanas, pensando que así mejoraría mi actitud hacia mi trabajo como cuidadora. En esta ocasión en especial, estaba en la depresión total.*

*Iba pedaleando bajo la lluvia, quejándome en silencio de mi trabajo y preguntándome si los ángeles habían escuchado mis oraciones. Dije en voz alta: "Arcángel Miguel, por favor, mándame una señal de que estás conmigo".*

*Di vuelta a la esquina y vi un enorme, brillante y precioso arco iris. Incliné la cabeza con humildad y detuve la bicicleta para agradecer al arcángel Miguel. Quizá para algunos no sea tan significativo, pero era justo lo que yo necesitaba.*

Como dijo Susie, tal vez el arco iris no haya sido una señal muy clara para algunos, pero *ella* sabía qué significaba. Por eso es importante que nos fijemos en todo y honremos nuestras reacciones internas, ya que esas pistas interiores son la validación de los mensajes de los ángeles.

Sin embargo, muchas de las señales que Miguel envía son cósmicas y naturales como un arco iris, nubes en forma de ángeles, e incluso estrellas fugaces, como explica Laura Cohen:

*Mi hijo Jeremy y yo estábamos caminando en la pista de la escuela secundaria de la colonia en una noche de verano muy oscura. Jeremy, que tiene 13 años, dijo: "Mamá, tengo miedo. Siento malas vibras".*

*En secreto, estuve de acuerdo con él, pero no quise asustarlo. Para calmar sus miedos, le dije que por qué no llamábamos al arcángel Miguel para que nos protegiera del peligro y nos guiara. Invocamos juntos al gran arcángel.*

*Jeremy, que andaba en bicicleta por la pista, se adelantó y dejó que yo caminara detrás de él. En cuanto se colocó delante de mí, vi la estrella fugaz más grande y espectacular dibujar un arco completo sobre la cabeza de mi hijo en el oscuro cielo. Esa noche no había luna, así que el rayo de luz fue increíblemente brillante.*

*Al instante supe que el arcángel Miguel estaba respondiendo nuestras plegarias. Estábamos protegidos y, a partir de ese momento, seguí caminando por la pista con una sensación de completa paz y con la certeza de que estaba custodiada por el más estupendo ángel guerrero que*

> *guiaba el camino. En ocasiones anteriores en las que había hablado con este maravilloso ángel, una estrella fugaz fue la confirmación celestial de que mis oraciones eran escuchadas.*

Como el arcángel Miguel es protector, sus señales están diseñadas para calmar y tranquilizar. Él quiere que sepas que está contigo y que escucha tus plegarias y preguntas. Si no confías o no identificas las señales que manda, te transmitirá su mensaje de diferentes formas hasta que estés en paz. También puedes decirle a Miguel que no ves, no entiendes o no confías en lo que está mandando. El arcángel agradece que seas honesto con él, con gusto te ayuda a reconocer las señales.

A veces, para entregar el mensaje de verdad, Miguel transmite múltiples señales. Suele incluir su nombre como la firma de un artista en muchos de los mensajes físicos, como lo hizo en el caso de una mujer llamada Sara en un largo viaje en auto:

> *Mi hermano, mi mamá y yo íbamos de Texas a California en un Jeep que arrastraba un tráiler rentado. Nunca habíamos manejado así y no sabíamos en la que nos metíamos hasta que iniciamos el viaje. Manejaba yo, pero el tráiler se sentía muy inestable porque se movía de un lado a otro. Temiendo que perdiera el control del Jeep, mi hermano tomó el volante. Parecía que le había encontrado el truco y logró un nivel de confort con el tráiler que yo no pude. Mientras él*

*manejaba, yo iba en el asiento trasero leyendo mis libros de ángeles. Invoqué al arcángel Miguel para que nos protegiera en el viaje. ¡Y todavía no sabía cuánto íbamos a necesitarlo!*

*Como a una hora de Phoenix, íbamos en el límite de velocidad de la autopista, que es de 150 kilómetros por hora, cuando el tráiler empezó a colearse y mi hermano perdió el control del auto. Terminamos en una zanja en el camellón de la autopista. ¡No sé cómo, pero al auto no le pasó nada!*

*Al volver a entrar a la autopista, levanté la vista y vi "444" en un anuncio, que significa: "Los ángeles están contigo". Después, un tráiler que nos rebasó traía en su placa el número "444" y las palabras* Todo Miguel *pintadas en el costado. En ese momento, supe que el arcángel Miguel estaba guiándonos y protegiéndonos. Vi ese mismo camión "Todo Miguel" dos veces más durante el trayecto, y una de ellas justo antes de llegar a nuestro destino final.*

*Cuando llegamos a casa, mi hermano investigó sobre tráilers. Dijo que no sabía cómo habíamos llegado vivos porque había violado muchas reglas de seguridad al llevar el tráiler enganchado. Eso confirmó todos mis pensamientos de que el arcángel Miguel nos acompañó a casa.*

La gente suele decirme que sacan la carta del arcángel Miguel de mi juego de cartas del oráculo como señal de que está ayudándola. Como las cartas del oráculo son una manera física de comunicarse con los ángeles, es muy lógico que Miguel se ponga en contacto con nosotros a través de aquellas que tienen su nombre e imagen. Elisabeth Roosendaal explicó cómo recibió su carta del oráculo del arcángel Miguel antes de comprender su significado e impacto:

> *El arcángel Miguel ya tiene tiempo haciéndome saber de su presencia. Hace poco, me leí las cartas usando las* Cartas del oráculo de arcángeles, *de Doreen, y saqué la del arcángel Miguel, "Estás a salvo", con el mensaje:* Estoy protegiéndote de las energías bajas, y cuido de ti, de tus seres queridos y de tu hogar.
>
> *En ese momento, no entendí la relación con la pregunta que hice, pero igual agradecí el mensaje. La noche siguiente, mi hermano y yo fuimos a la ciudad con un amigo y cuando volvimos a casa, varias horas más tarde, descubrimos que la puerta principal estaba sospechosamente abierta y la casa estaba a oscuras. Dos hombres entraron a investigar, y mi primer pensamiento fue la lectura de cartas. Sin duda, supe que estábamos a salvo y que todo lo que había en la casa estaba como lo habíamos dejado. Y así fue.*

Igual que los autores de estos relatos, tú puedes recibir señales de Dios, de Miguel y demás ángeles con tan sólo hacer una pregunta o solicitar una señal. Las señales pueden llegar a ti de manera física, o incluso puedes ver la intensa aura del arcángel Miguel, como leerás a continuación.

## Las luces azul y morada de Miguel

Todos brillamos, humanos, animales o ángeles. Esta luz surge del amor de nuestro Creador y de la fuerza vital de nuestra alma.

Los ángeles de la guarda emiten un bello resplandor blanco inmaculado que algunas personas ven con sus ojos físicos. Estas "luces de ángeles" son como brillantes resplandores o destellos de luminosidad (similares al flash de una cámara). Aparecen como órbitas blancas en las fotografías digitales (sobre todo en las que se toman de noche) o en las cámaras Kirlian (aura).

Los arcángeles, que son más grandes y más poderosos que los ángeles de la guarda, tienen luces de colores que corresponden a la misión específica de cada uno. El aura del arcángel Miguel es de color morado intenso y es tan brillante, que parece azul cobalto. También emite una luz dorada que hace que luzca rubio y bronceado.

Esa luz está conectada con Cristo. Aquellos que han visto a Jesús en sus oraciones, meditaciones, sueños y experiencias cercanas a la muerte, siempre mencionan la iluminación dorada alrededor de su cabeza. Mira cualquier imagen tradicional de Jesús, y te darás cuenta de que los artista también ven o sienten este destello dorado, ya que siempre está alrededor de su cabeza, como un halo.

Como Miguel está muy conectado con Cristo (aunque no pertenece a ninguna religión), tiene un destello dorado muy cerca de su figura. Así, hay una segunda capa de luz que envuelve a la primera. Esta capa adicional es amplia y larga, y aquellos que se comunican con Miguel suelen reportar que ven chispas o destellos de luz color azul o morado intensos.

Las personas que ven las "luces de los ángeles" se sienten aliviadas al comprobar que su visión es exacta (muchas de ellas me han dicho que se han ido a revisar los ojos con el oftalmólogo, quien no encuentra ninguna causa orgánica a este fenómeno).

Las brillantes luces azul o morada son señal de que Miguel está cerca, como lo descubrió una mujer de nombre Pushtie:

*Soy actriz en la India. Un día que salía a una locación temprano en la mañana, le pedí al arcángel Miguel que me cuidara y protegiera mi casa. Hago lo mismo todas las mañanas, además de preguntarle a Miguel: "¿Tengo algo que hacer antes de salir de casa?".*

*Muchas veces, en respuesta a esa pregunta, recibo una sensación o un pensamiento intuitivo de tomar algo que he olvidado. Pero ese día, escuché claramente que Miguel decía que no había apagado el calentador del agua del baño. No le creí porque siempre tengo mucho cui-*

*dado de apagarlo después de bañarme. Así que empecé a caminar para salir de la casa e ir a trabajar, pero una luz morada brilló en la puerta, prácticamente bloqueándome el paso. También me fijé que en esa área la temperatura era cálida.*

*Un escalofrío me recorrió la espalda y tuve una imagen mental del calentador de agua explotando y la casa en llamas. Entonces, decidí revisar el baño y me quedé muda de asombro al descubrir que había dejado el calentador prendido. Cuando lo apagaba, mi mano tocó por accidente el cuerpo ardiente del aparato. Me di cuenta de que probablemente el calentador hubiera explotado en menos de una hora.*

*El arcángel Miguel me ayudó a salvar mi casa.*

También he descubierto que la gente que trabaja con Miguel tiende mucho a elegir el azul intenso y el morado fuerte. Así que si te descubres comprando vasos azul cobalto o hundiendo la cara en un cobertor morado real, tu atracción a esos colores es una señal de que estás trabajando con el arcángel.

Muchas personas reportan haber visto las luces azules de Miguel durante una crisis, como los rastros que Superman deja tras de sí cuando desciende en picada en una escena para salvar el día. Ciertamente, ese fue el caso de Shirley Mischael-Morales, que fue protegida por el arcángel Miguel:

## Ve a Miguel

*Mis dos hijos pequeños y yo viajábamos por un congestionado puente de ocho carriles de la autopista cuando un accidente detuvo el tráfico de repente en dos de los carriles. Retrasada para una cita y frustrada porque los vehículos a mi izquierda avanzaban muy rápido para cambiarme de carril, detuve el auto y miré por el retrovisor justo a tiempo para observar que un vehículo se acercaba a gran velocidad.*

*De repente, el conductor pisó el freno y el vehículo perdió el control, golpeando la barandilla protectora, girando en círculo y saliendo disparado hacia mi auto. En un segundo, un destello de luz azul llamó mi atención y vi al arcángel Miguel en el cielo. La luz fue como si una estrella explotara en mi frente.*

*Instantáneamente, fui guiada a actuar. Conforme mi mente consciente se aceleraba, el mundo físico parecía moverse en cámara lenta. Sin tiempo para verificar si había autos, apreté el pie en el acelerador y me cambié al carril de la izquierda —con el tiempo justo para hacer espacio para que pasara el vehículo que estaba fuera de control, golpeando de refilón mi coche y alcanzando a otros dos, pero evitando sin duda lo que hubiera sido una colisión mortal—. Aunque el peligro de perder la vida estuvo presente, la guía del arcángel Miguel me mantuvo tranquila. Simplemente me dio claridad y precisión al actuar.*

> *La mujer que manejaba el vehículo que perdió el control se acercó corriendo a mí. Cuando vio que traía niños en el auto, me abrazó y exclamó: "¡Gracias a Dios están vivos! ¡Gracias a Dios todos estamos vivos!".*
>
> *Entonces, un hombre se aproximó y ansiosamente explicó que venía manejando a alta velocidad por el carril al que me cambié hasta que algo le dijo que cambiara rápido de carril para dar espacio a que mi auto saliera del camino del otro vehículo. Aunque para él no había razón lógica para suponer que un auto que estaba detenido pasara de repente a su carril. Sintió que era guiado por un milagro. No hubiera habido tiempo suficiente para evitar el accidente sin la intervención celestial.*
>
> *La experiencia fue un poderoso regalo que afirmó la presencia protectora del arcángel Miguel y mi capacidad para recibir su guía y salvar a mis hijos.*

No sólo Shirley vio al arcángel Miguel y su luz, también recibió su guía en forma de pensamientos que la impulsaron a manejar. La tranquilidad que sintió en una situación tan peligrosa es evidencia más que suficiente de la intervención Divina.

De la misma forma, Ursula Lovelock vio la luz azul de la intervención salvadora de Miguel. Al leer el relato, casi puedes imaginarte al arcángel moviéndose tan rápido, que sólo el rastro de su luz era visible:

*Uso la protección del arcángel Miguel para mí y mi familia desde que descubrí a los ángeles, allá por el año 2002. A principios de 2003, mi hijo Tristán y yo acabábamos de llegar de haber ido de compras. Estacioné el auto en la cochera y ayudé a Tristán, que en esa época tenía dos años y medio, a salir de su asiento.*

*Al salir, me estiré para tomar la pesada puerta de la cochera y la jalé hacia abajo, para que se cerrara con el peso y el impulso. Pensé que Tristán estaba parado junto a mí, pero en cuanto la puerta de metal adquirió velocidad y empezó a caer, de repente sentí la urgencia intuitiva de detenerla.*

*Busqué a Tristán alrededor de mí y lo vi parado justo debajo de la puerta, con el duro metal a sólo centímetros de sus hermosos rizos rubios. Entre la puerta y su cabeza, descubrí el sello distintivo del arcángel Miguel: cuatro o cinco intensas chispas azul brillante danzando durante unos momentos antes de desaparecer. Sé que la puerta pudo partir el cráneo de Tristán por la mitad si le hubiera caído encima. ¡Gracias, arcángel Miguel!*

Como Ursula lo mencionó, lleva años pidiendo la ayuda del arcángel, y se dio cuenta de que él no puede violar nuestro libre albedrío al intervenir sin nuestro permiso. Pero una vez que solicitamos su ayuda, mejor nos hacemos para atrás ¡porque Miguel viene a salvar el día!

La experiencia de que asaltaran el auto de Tracy Hanratty es el ejemplo perfecto. Miguel no protegió sus pertenencias porque no se lo pidió. Pero en cuanto Tracy lo llamó para que le diera seguridad y protección, de inmediato acudió a ella, como lo demuestran las luces azules de su relato:

> *Una noche, después del trabajo, me estacioné junto a mi casa y entré corriendo porque mi hijo no se sentía bien. Con las prisas, dejé unas cosas en el auto. Cuando salí para recuperarlas, vi que tres ventanas estaban rotas y los artículos habían desaparecido. Estaba completamente impactada y no podía creer lo que había sucedido.*
>
> *Esa noche, me sentí vulnerable en mi propia casa y preocupada porque la persona que rompió las ventanas pudiera seguir cerca. Sabía que no iba a dormir mucho esa noche.*
>
> *Pero entonces recordé que Doreen aconseja a la gente que le pida al arcángel Miguel que coloque un ángel al norte, otro al sur, otro al este y otro al oeste de la casa para protegerla. Lo hice, y cada vez que me desperté esa noche, vi destellos y líneas de un azul real muy intenso en mi habitación. No tenía miedo... pero estaba mucho más consciente de que estaba protegida y tuve una sensación de paz. Ahora, pido todas las noches al arcángel que proteja mi casa y mi auto.*

Así, Tracy aprendió de esta experiencia y ahora pide a los ángeles que la cuiden a ella y a sus pertenencias, ¡lo cual es una costumbre muy sana e inteligente a desarrollar!

La única excepción de la cláusula del "libre albedrío" que los ángeles deben cumplir es cuando la gente está a punto de morir antes de que llegue su momento. Dios y los ángeles pueden intervenir sin permiso para salvar la vida de alguien. A veces, lo hacen directamente; y otras, le dan guía a la persona para que la siga, como fue mi caso cuando mi vida corrió peligro durante el asalto a mano armada de mi auto en 1995. Si no hubiera seguido esa guía, quizá no estaría viva hoy.

Pero el asunto de por qué algunas vidas son salvadas milagrosamente y otras no, sigue siendo un misterio terrenal que quizá entendamos hasta que ascendamos tres dimensiones. De cualquier forma, muchas personas viven intervenciones milagrosas y por ellas sabemos que nos cuidan y nos protegen.

En la siguiente historia, Sheila no pidió específicamente la ayuda del arcángel Miguel, pero como su vida estaba en peligro, vino a rescatarla. Sheila le da todo el crédito por haberle salvado la vida, y sabe que *él* era su protector gracias a su luz azul distintiva:

> *Tuve un accidente de auto muy fuerte cuando un camión me golpeó por atrás mientras estaba parada en un semáforo. El conductor del camión viró el volante bruscamente en el último minuto y golpeó la parte trasera derecha de mi auto aproximadamente a cien kilómetros por hora. Mi auto salió disparado hacia el tráfico que venía*

*en dirección contraria, donde otro vehículo me pegó en el costado del lado del pasajero, lo que me hizo dar vueltas.*

*¡Entonces, vi un intenso destello de luz azul! Mi coche quedó completamente destrozado, pero la única área que quedó intacta fue la del conductor. Me llevaron al hospital con cortadas, golpes y una clavícula rota.*

*Ese día supe que el destello de luz azul que vi durante el accidente era la señal de la presencia del arcángel Miguel. Sin duda, él me protegió ese día, porque la policía, los bomberos y los médicos estaban sorprendidos de que sólo tuviera unas cuantas lesiones y no hubiera muerto. ¡Gracias, Miguel!*

Si estamos muy estresados, nos concentramos tanto internamente, que bloqueamos el conocimiento de la presencia y los mensajes de los ángeles. Por eso la gente que más necesita a sus asistentes celestiales es la que menos los escucha. Por suerte, los ángeles son sumamente creativos e insistentes para responder nuestras plegarias. A veces, eso significa que tengan que trabajar a través de un amigo o miembro de la familia, como le sucedió a Penny Taylor:

*Estaba teniendo un mal día. Era un domingo lluvioso y estaba deprimida, así que decidí no salir de la cama y ver la televisión debajo de mi cobertor. Experimenté una enorme sensación de os-*

*curidad, de disminución de la energía y pérdida, producto de la batalla contra la depresión y el dolor personal. Me sentía perdida y alejada de Dios.*

*Sentí que no tenía más opción que rezar, y conforme las lágrimas resbalaban por mi rostro, pedí con todo mi corazón un poco de alivio a mis sentimientos. Recé con intensidad para que el arcángel Miguel me diera una señal de que sí estaba conmigo y no me había abandonado.*

*Lo que sucedió después fue muy importante para mí ¡y también fue la respuesta instantánea a mi oración! Una querida amiga que vivía lejos me mandó un mensaje de texto a mi celular que decía: "No sé por qué, pero tuve una visión de ti justo ahora completamente vestida y rodeada de la más hermosa luz morada. ¿Qué significa? ¿Estás bien?".*

*Cuando leí el mensaje, me quedé sorprendida y sobrecogida. Esta amiga no era de las que decían esas cosas, y envió el texto justo después de que le pedí una señal al arcángel Miguel.*

*Sobra decir que me levantó el ánimo y me di cuenta de que hubiera sido mucho más fácil rezar y pedir ayuda mucho antes de que mi estado de ánimo cayera en tan oscuras sombras. Todos nos merecemos el apoyo y el amor de Dios y de los ángeles. ¡Sólo hay que pedirlo!*

Las palabras de Penny: "sólo hay que pedirlo" es un magnífico recordatorio, producto de una buena experiencia al solicitar una señal de Miguel. El arcángel siempre se nos aparece exactamente en la forma adecuada a la situación y a las personas involucradas y a veces eso significa que lo veamos con toda claridad.

## Ver a Miguel en sueños y durante la meditación

Muchos "encuentros con Miguel" ocurren en los sueños. Estamos más aptos para ver y escuchar a un ángel cuando estamos dormidos porque la temerosa mente-ego también duerme. Nuestra mente y nuestro corazón están más abiertos y menos distraídos cuando estamos en ese estado y soltamos el pensamiento "tridimensional".

A veces, al día siguiente la gente no recuerda las visiones que tuvo en la noche porque cuando despierta la información del sueño no tiene sentido. Sin embargo, todo lo que aprendemos durante los sueños se queda en nuestra mente inconsciente, ayudándonos.

Algunas personas ven a un representante de Miguel, como en el sueño de Eshantie:

> *Me sentía muy sola porque estaba pasando por una batalla por la custodia de mi hijo. Una noche antes de irme a dormir, hablé con el arcángel Miguel y le pedí que me anunciara su presencia, porque realmente necesitaba cierta confirmación de que no estaba sola en el universo.*
>
> *Esa noche soñé con un amigo de la infancia que había muerto hacía diez años. Se llamaba*

*Miguel. En el sueño, estaba sentada junto a él y sentía una tranquilidad que abarcaba todo, y se apoderó de mí una sensación de que las cosas estaban bien.*

*Creo que el arcángel Miguel usó a mi querido y viejo amigo como punto de contacto, porque nunca antes, ni después, había soñado con él.*

El arcángel Miguel se comunicó con Eshantie de una forma aceptable para su mente. Es poderoso, pero muy sutil, así que si una persona se espantaría al ver un ángel, le manda una señal o un símbolo.

Estamos más abiertos a Miguel y a otros seres del Cielo cuando dormimos, pero quizá no nos acordamos de que la aparición del ángel tuvo lugar en ese momento. Estamos más aptos para recordar esas experiencias si suceden en esa etapa entre soñar y despertar, como descubrió Emma Lee Quick:

*Era muy temprano en la mañana, ya me había despertado y estaba preparándome para salir de la cama. Cerré los ojos y enseguida descubrí una sensación poco familiar, una que nunca había sentido: ¡era como si me elevara al techo flotando!*

*Tenía los ojos cerrados, pero estaba bien despierta. Hasta recuerdo que pensé: ¡No puedo creer que esté sucediendo esto! ¡Estoy completamente despierta, pero siento que floto! Entonces, escuché ruidos vacilantes, pero muy al-*

tos. *Parecía que provenían de seres superiores, así que les pregunté mentalmente qué estaba sucediendo. A pesar de que las voces no hablaban propiamente mi idioma, sentí la respuesta intuitivamente:* Estás a salvo.

*Por fin, abrí los ojos. Estaba en mi cama y la sensación se desvaneció poco a poco. Después volví a quedarme dormida. En mi sueño, un hombre de piel oscura vestido de blanco se acercó a mí. Me dijo que el año por venir traería un gran cambio, pero que él estaría allí para ayudarme.*

*Cuando empezó a irse, le pregunté su nombre. Siguió avanzando, pero entonces escuché: "Miguel".*

*Cuando desperté, salí corriendo de la cama para decirle a mi mamá lo que había sucedido. Ella estaba muy emocionada y me dijo:*

—¡*Quizá se refería a un cambio de carrera!*

—*Ojalá* —*respondí, pero muy dentro de mí sentí que la ayuda ofrecida por Miguel tenía que ver con algo más trágico.*

*Unos meses más tarde, mi estupenda madre fue diagnosticada con leucemia, y murió. Yo estaba devastada porque era una de mis mejores amigas. Poco después, me fui de su casa, me casé y mi esposo y yo compramos una casa: muchos cambios importantes, como lo anunció el arcángel Miguel en mi sueño. Y sí sentí que recibía ayuda, como si durante todo el proceso alguien me hubiera mantenido a flote.*

## Ve a Miguel

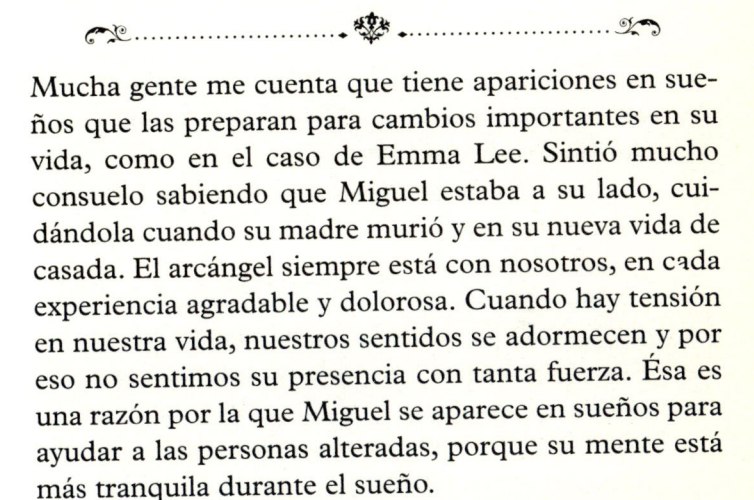

Mucha gente me cuenta que tiene apariciones en sueños que las preparan para cambios importantes en su vida, como en el caso de Emma Lee. Sintió mucho consuelo sabiendo que Miguel estaba a su lado, cuidándola cuando su madre murió y en su nueva vida de casada. El arcángel siempre está con nosotros, en cada experiencia agradable y dolorosa. Cuando hay tensión en nuestra vida, nuestros sentidos se adormecen y por eso no sentimos su presencia con tanta fuerza. Ésa es una razón por la que Miguel se aparece en sueños para ayudar a las personas alteradas, porque su mente está más tranquila durante el sueño.

Una mujer llamada Maribel quedó muy agradecida con la visita del arcángel en sueños, la cual no sólo la consoló, también la sanó. Como leerás en su relato, vio la luz azul de Miguel hasta en el sueño.

*Cuando era niña, vivía en Lima, Perú, y mis amigos y yo jugábamos un juego que se llamaba "San Miguel". Por un acuerdo entre nosotros, varios de los niños del vecindario se dividían en dos grupos, niños y niñas mezclados. Un grupo se ofrecía a jugar el papel de "los malos" y el otro el de "los buenos".*

*Entonces, mientras los buenos se sentaban en la banqueta fingiéndose santos e inocentes, los malos se acercaban para tratar de atraparlos; es decir, el grupo de los malos empezaba a arrastrar a los buenos. Éstos entonces le gritaban al arcángel Miguel en voz alta: "¡San Miguel!*

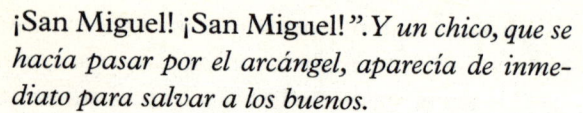

*¡San Miguel! ¡San Miguel!". Y un chico, que se hacía pasar por el arcángel, aparecía de inmediato para salvar a los buenos.*

*Desde esa época, siempre he creído que Miguel está presente en mi vida para ayudarme en cualquier situación peligrosa.*

*En una ocasión, viví una mala experiencia. Después de rezar y llorar con fuerza, me quedé dormida. Soñé que estaba parada en la entrada de mi casa, miraba a la izquierda y allí estaba parado el arcángel Miguel. Era alto y emanaba un diluvio de luz blanca azulada. Se veía muy poderoso al flotar sobre el suelo. En el sueño empecé a llorar porque su presencia era tan fuerte, que me sanaba en ese momento.*

*Recuerdo su aparición como si hubiera sido anoche. Fue real, y nunca la olvidaré. Es una de las bendiciones más bellas que he recibido de Dios.*

*Hace dos años, compré una estatua maravillosa del arcángel Miguel, que puse en mi recámara. ¡Me encanta! ¡Se ve precioso y poderoso! ¡Sé que está conmigo todo el tiempo!*

Además de ver al arcángel Miguel en sueños, mucha gente cuenta que lo ve cuando está relajada, como en una sesión de masaje o de meditación. Cuando estamos tranquilos, nos volvemos más receptivos a los ángeles. Percibimos su amor y su sutil energía.

## Ve a Miguel

Cathie McCarthy se comunicó con Miguel cuando estaba relajándose en su cama, pero *ella* no fue la única que lo vio, según cuenta en su relato:

*Mi novio y yo acabábamos de mudarnos de Inglaterra a Arizona. Estábamos quedándonos en casa de unos amigos, pero me sentía fuera de lugar, desplazada, con miedo sobre el rumbo que tomaría mi vida. Me acosté en la cama y en silencio llamé al arcángel Miguel. Por lo general, cuando hago eso, veo brillantes luces azules y moradas. Pero esa noche, aunque sentía su presencia, no veía sus colores.*

*Mi novio estaba acostado a mi lado, también en silencio, descansando después de muchos días de mudanza y de andar en el auto. De repente, me dijo:*

*—¡Veo un hombre muy alto al pie de la cama! Tiene tipo escandinavo o algo así.*

*Mi novio no tenía idea de que acababa de invocar al arcángel Miguel, ni de cómo era, así que le pedí que siguiera describiéndolo.*

*—Mide tres metros —dijo—, tiene cabello largo y rubio, y es muy musculoso.*

*—¿Trae sandalias con tiras? —le pregunté.*

*—Sí —respondió mi novio, y continuó hablando de cómo estaba vestido. ¡Describió al arcángel Miguel con lujo de detalle! Yo estaba feliz, ¡era la primera vez que veía un ángel o una aparición espiritual!*

> *Esta experiencia nos llenó a los dos de amor, nos brindó la esperanza de tener una nueva casa en Estados Unidos y nos dio la ilusión de que nuestra vida juntos sería buena y llena de amor. Sabíamos que contaríamos con la protección y el valor para seguir con la travesía de buscar casa y conseguir escuela para mis hijos. Después de ver al arcángel Miguel, todo encajó en su lugar. Nos sentimos guiados hacia el camino que debíamos tomar; en una semana encontramos una casa para rentarla, la mejor escuela de la zona está a sólo un kilómetro y medio, y mi novio empezó a trabajar.*
>
> *Todos los días agradecemos al arcángel Miguel por todo su amor, su ayuda y su apoyo.*

Como vivieron Cathie y su novio, cuando conoces a Miguel, todo en tu vida se vuelve más positivo y armonioso. Verlo es mucho más que tener una "visión", porque la experiencia es reconfortante y sanadora al mismo tiempo.

Muchas personas describen que la aparición de Miguel es multisensorial. No sólo ven al arcángel, también sienten el contacto físico y sus corazones se abren a la alegría y a la calidez. Ésa fue la experiencia de Sian Williams cuando vio al arcángel Miguel durante una meditación:

> *Toda mi vida he sentido que alguien o algo están conmigo para ayudarme en los malos momentos. Mi infancia estuvo llena de pérdidas y de dolor;*

*sin embargo, nunca me sentí sola y siempre tenía la sensación de que contaba con un hombro para llorar, aunque no sabía de quién era.*

*Entonces, un día asistí a un taller de ángeles. La verdad, no tenía ganas de ir porque era mi único día de descanso del trabajo. Pero fui, y qué bueno que fui porque tuve una de las mejores experiencias de mi vida.*

*Parecía que los asistentes al taller sabían todo sobre ángeles. Yo no sabía mucho, pero en la habitación reinaba una sensación increíble. Aunque en la calle era una fría mañana de invierno, adentro se sentía mucho calor.*

*Durante una meditación en el taller, conocí al arcángel Miguel. Era un hombre increíblemente atractivo y traía una espada. Me rodeó con su brazo y sentí que se llevaba todos mis problemas. Empecé a llorar, pero eran lágrimas de alegría porque por fin supe quién había estado conmigo toda mi vida.*

Después de leer estas historias y ejemplos, quizá hayas descubierto que has visto al arcángel Miguel, su intensa luz o las señales que envía.

Pero la comunicación de Miguel con nosotros es mucho más que visual; también se comunica a través de palabras, sobre todo si alguien necesita guía clara en un apuro, como veremos en el siguiente capítulo.

## Capítulo 2

## Escucha la voz de Miguel

DE TODOS los ángeles, Miguel tiene la voz más alta y clara. Sin duda, es el mensajero Divino más fácil de escuchar. También tiene un estilo de hablar distintivamente franco, va directo al grano, pero siempre con amor y sentido del humor.

Estoy segura de que fue la voz de Miguel la que escuché antes y durante el intento de robo de mi auto el 15 de julio de 1995. Me dijo exactamente cómo evitar el delito; pero como no hice caso a su guía, cuando me encontraba en medio del asalto a mano armada de mi coche y bolsa de mano, me dio indicaciones para salir sin un rasguño.

Durante las crisis, la gente escucha la voz de Miguel con la misma fuerza y claridad como si otra persona estuviera hablando. Es diferente a la suave voz interior que a veces es perceptible en la meditación. Cuando el arcángel emite una alerta de ayuda, no hay manera de confundir su voz con un susurro interno; es perfectamente clara y fuerte.

Por todas las historias relacionadas con el arcángel que he leído y escuchado, diría que la gente escucha la voz alta de Miguel casi siempre cuando va al volante. Sus cariñosas órdenes ayudan a los conductores a evitar accidentes, y su presencia calma a todos los pasajeros del auto. En ocasiones, su guía parece inversa, porque les dice que quiten las manos del volante. Pero siempre la guía de Miguel es completamente segura y precisa, como comprobó Janca Lesleigh:

*Después de cuidar a mis padres en su enfermedad y despedirlos cuando murieron, decidí irme de nuestra casa y empezar una nueva vida en otro país. Así que empaqué mis pertenencias en un tráiler enganchado a mi auto y puse a mi gato Pippin en una jaula especial en el asiento de atrás, y a mi perra Heidi en el del pasajero.*

*Antes de comenzar el recorrido de cuatro mil kilómetros de Zimbabwe a Ciudad del Cabo, Sudáfrica, le pedí protección, guía y gracia al arcángel Miguel. Él había sido mi amigo fiel durante muchos años, así que confiaba en que me acompañaría en mi largo recorrido.*

*Bajo una lluvia torrencial iniciamos nuestro viaje al sur desde el lado sudafricano de la frontera. Manejaba cada día según el nivel de ener-*

*gía de mis mascotas, y siempre era guiada a estancias que aceptaban animales.*

*La carretera era muy recta y sumamente aburrida a lo largo del infinito desierto de Karoo. Sin radio, ni CD en el auto, me quedé dormida. Entonces, escuché una fuerte voz masculina que decía: "¡Sal del camino ahora!". Obedecí sin pensarlo, a sólo unos segundos de que un camión pasara como bólido a mi lado a la mitad de la carretera después de cruzar la línea divisoria.*

*Hace un año que hicimos ese viaje épico de cinco días, y continuamente siento que soy guiada y acompañada por mis ángeles y los arcángeles. Me siento muy agradecida de que Miguel haya aparecido tan claramente cuando más lo necesitaba.*

Janet tuvo la voluntad de elegir si escuchaba la guía de Miguel de "salir del camino". Por suerte, la mayoría de nosotros está dispuesta a hacer caso a los mensajes urgentes del arcángel. En una crisis, su tono es similar al de un cirujano que exige a la enfermera que le dé el bisturí. No pretende ser mandón, ni ladrarnos órdenes, más bien quiere atraer nuestra atención y hace que reaccionemos. El arcángel siempre es cariñoso y compasivo cuando nos da órdenes para salvar nuestra vida.

A veces, los mensajes urgentes de Miguel parecen ilógicos o inviables. Una de mis historias favoritas de este tema es la de una mujer de nombre Sue, quien, por suerte, siguió la guía del arcángel. Su decisión de confiar en él le salvó la vida a ella y a sus hijos:

*Hace muchos años, cuando estaba en un matrimonio de abuso, todas las noches rezaba a Dios y al arcángel Miguel para que me dieran la fuerza para enfrentar otro día y encontrar la manera de irme. Y cada día me quedaba en el matrimonio, pensando que mis hijos merecían una familia entera y con la esperanza de que las cosas mejorarían.*

*Pero una noche que estaba rezando, escuché una voz masculina que se identificó como el arcángel Miguel. Me dijo con claridad que mis hijos estaban en peligro y que necesitaba tener la fuerza suficiente para irme. Me explicó que el Creador no desea que abusen de las esposas y que el corazón de mi esposo era duro y no escucharía a Dios, ni dejaría de lastimar a mis hijos ni a mí. Pero no le creí a Miguel porque hasta ese momento sólo me había hecho daño a mí y no a los niños.*

*Dos días después, cuando mi esposo empezó a pegarme, David, mi hijo de 13 años, corrió al teléfono a llamar a la policía, y mi esposo fue tras él y lo empujó por las escaleras. Entonces marqué al número de emergencia, mientras mi esposo salió corriendo a jalar los cables del teléfono que llegaban a la casa.*

*Me acerqué rápido a David, que estaba muy lastimado. Me dijo que mientras caía había visto alas que amortiguaron el golpe y evitaron que se desnucara. ¡Los ángeles nos protegieron durante esta pesadilla!*

*Sin embargo, esa noche necesitaba más ayuda, porque vivíamos en una zona rural en la que el vecino más cerca estaba a siete kilómetros de distancia, y mi esposo se había llevado las llaves del coche. Así que comencé a rezar. El arcángel Miguel volvió a acudir a mí y me dijo: "Sal, conecta los cables y llama a la policía".*

*No sabía nada de cableado telefónico, pero obedecí y lo hice como si fuera técnico en teléfonos. Milagrosamente, supe qué hacer; sin duda, el cielo intervino. Llamé a la policía, y me llevaron con mis hijos a un refugio para mujeres. Encontraron a mi esposo y lo metieron a la cárcel.*

*El arcángel Miguel sin duda fue mi protector Divino esa noche. Siempre estaré agradecida con él por su ayuda durante esa terrible prueba, y a él le doy el crédito por habernos salvado.*

*Algunos años después, me divorcié y no deseaba estar con nadie después de mi doloroso matrimonio. Pero cuando conocí a un hombre que me dijo que Miguel era su santo patrón, sabía que tenía que darle una oportunidad.*

*Ya tenemos cuatro años juntos, y mi nuevo esposo se parece al arcángel Miguel en muchos sentidos; es increíblemente protector y cariñoso conmigo y con mis hijos. Después de todo esto, comencé a estudiar a los ángeles y ahora los escucho en vez de creer que yo sé más que ellos.*

Cuando Miguel da un aviso, siempre lo acompaña de guía y dirección. Nunca hace afirmaciones que dan miedo, sino que indica los pasos a seguir. Y en ocasiones, como comprobó Carolyn Skalnek, sólo tiene que decir una sola palabra:

*Empezó como una noche cualquiera, pero terminó de manera increíble. Los niños ya estaban en la cama, y ahora me tocaba a mí. Atravesé la casa hacia mi recámara, apagando las luces y revisando las puertas. Mi esposo se durmió pronto, así que me metí a la cama en silencio.*

*Estaba acostada, muy cansada por el día que había tenido, rezando y pidiendo a Dios y al arcángel Miguel que protegiera a mi familia, mi casa, mi comunidad y al mundo. Me dormí enseguida y así estaba hasta que algo me despertó.*

*Sorprendida y confundida, me senté en la cama tratando de entender por qué había despertado. Pronto volví a dormirme, pero no pasó mucho tiempo cuando escuché un ruido, como si algo hubiera pegado en la ventana. Se escuchó como las ramas de nuestro pino, pero eso era imposible porque esa noche no había aire. Escuché unos minutos a ver si volvía a pasar.*

*Estaba frustrándome porque no podía dormir. Me tapé con los cobertores, me acomodé y volví a quedarme dormida hasta que volví a escuchar el ruido. ¡Y otra vez! Algo o alguien estaban golpeando la ventana con la fuerza suficiente para hacer un ruido intenso. En esta ocasión me encontraba despierta y decidí levantar a mi esposo.*

*Nos enderezamos para escuchar, pero el ruido no se repitió, sin embargo lo que se me vino a la mente fue impresionante. En cuanto escuché el conocido chasquido que venía de otra habitación, la palabra* secadora *saltó a mi mente.*

*Lo más rápido que pude, fui al cuarto de lavado. Al entrar, recordé que esa tarde había prendido la secadora. Era imposible tocar la carga de toallas que estaba adentro, ya que había estado dando vueltas a la máxima potencia durante 12 horas. Mi rostro estaba ardiendo por el calor que salía de la puerta.*

*Creo que no faltaba mucho para que la máquina se incendiara. La habitación de mi hijo está justo arriba del cuarto de lavado. En cuanto mis pensamientos recordaron las historias de personas que han provocado incendios en sus casas por la secadora, agradecí a Dios y al arcángel Miguel porque esta historia tuvo un final feliz.*

*¡Gracias, arcángel Miguel! ¡Sí* creo*! Seguiré pidiendo protección, guía y amor.*

## Miguel brinda tranquilidad

La guía de Miguel no siempre tiene que ver con protegernos del peligro. Con mucha frecuencia, sus mensajes audibles infunden fe y esperanza cuando más necesitamos consuelo. El mensaje de Miguel para John Roche lo ayudó a resistir en una enfermedad grave. La tranquilizadora certeza de que el arcángel estaba con él le permitió recuperarse. John recuerda:

*Cuando era niño, mis padres me enseñaron a invocar al arcángel Miguel. Y esa práctica me acompañó hasta la edad adulta. A los 18 años me detectaron cáncer. Pasó un tiempo antes de que fuera con el médico para que revisara mis síntomas y lo confirmara; cuando por fin lo detectaron, tenía niveles peligrosos de cáncer.*

*Me sometí a fuertes dosis de quimioterapia de manera intermitente durante tres años, entré en remisión y recaí dos veces. La quimio (como lo atestiguará cualquier persona que se haya sometido a ella) me debilitaba mucho. Cuando recaí por tercera vez, un día mi oncólogo me dijo que tenía que someterme a un transplante de médula ósea, lo que implicaba más tiempo en el hospital, cirugía y quimioterapia más intensa. Sobra decir que estaba muy afectado por la noticia y me preguntaba si esta vez sobreviviría.*

*Cuando llegó el momento del transplante, tuve que someterme a la forma más severa de quimioterapia que el hospital me ofreció. Pasé tres días muy enfermo porque la quimio atacó todo mi cuerpo. Fue entonces cuando me trasladaron a la unidad de aislamiento, donde pasaría tres semanas apartado, lejos del mundo exterior. En ese punto, me sentía sumamente triste, solo y temeroso a pesar de los maravillosos esfuerzos de mis padres por animarme.*

*La pequeña sala de aislamiento media no más de 2.5 por 2.5 metros, y en su mayoría el espacio era ocupado por la cama y los instrumentos médicos. Me preguntaba cómo iba a lograr estar encerrado solo en este pequeño cuarto durante semanas. Me sentía muy abatido, y con las lágrimas que caían por mi rostro, pedí la ayuda del arcángel Miguel a gritos.*

*En ese instante, tuve una sensación de serenidad y del amor más profundo que jamás había experimentado en esta vida. Una voz en mi cabeza susurró suavemente: "Todo está bien. No te preocupes por nada. Estoy aquí para cuidarte".*

*La certeza de que así era me llenó por completo. Desaparecieron todos mis miedos y la oscuridad de la desesperación que me había invadido unos momentos antes. Las lágrimas continuaron escurriendo por mis mejillas, pero ahora eran de amor; sabía que estaban cuidándome. Sabía que el arcángel Miguel estaba allí conmigo. No me importó no ver nada, porque estaba seguro de que el arcángel me protegía y me cuidaba.*

*La serenidad, el amor y la certeza de que Miguel me bendijo ese día, se quedaron conmigo hasta el instante que abandoné la sala de aislamiento tres semanas después. No tuve complicaciones, ni contratiempos durante la cirugía y la subsiguiente recuperación. Cada parte de mi ser sabe que eso se lo debemos al arcángel Miguel.*

*Hoy, tengo más de 30 años y llamo a Miguel cuando necesito cualquier tipo de ayuda. Es mi mejor amigo, y aún siento que su energía y su amor me envuelven constantemente.*

Puedes pedirle a Miguel un mensaje de paz con tan sólo pensar o decir tu petición. No importa qué método o frase uses siempre y cuando le hagas saber lo que necesitas. Algunos, como John, escuchan las palabras. Pero quizá, como hemos visto en otros capítulos, verás o sentirás la respuesta de Miguel. Incluso hasta puedes recibir su mensaje a través de otra persona.

No importa, el arcángel te hará saber que está allí, lo que ya en sí en un mensaje muy tranquilizador.

## El patrón Miguel

Miguel, igual que Dios y todos los ángeles, tiene capacidad ilimitada para ayudarnos. Está perfectamente sumergido en la impresionante e infinita creatividad de la inteligencia Divina. Así que sus soluciones son impredecibles porque están hechas a la medida de cada situación.

La siguiente historia, que me la hizo llegar Jerome Stefaniak, muestra la creatividad y el sentido del humor de Miguel:

*Antes de viajar, invoco a los ángeles con esta oración que inventé:* Queridos ángeles, protéjanme a mí y a mi auto hoy. Bendigan a cada persona y a cada auto que salga hoy a la calle. Y ayuden a que todos lleguemos a nuestro destino rápido, fácil, felices y a salvo.

*Iba manejando de Houston a New Braunfels, en la autopista I-10, cuando me di cuenta de que un auto se me pegaba y me echaba las luces para que me hiciera a un lado. En lugar de respirar y quitarme, mi ego competitivo insistió. La música era fuerte y fascinante, y yo estaba decidido a que ese auto no iba a rebasarme.*

*El coche se cambió al otro carril, me rebasó por la derecha y se colocó delante de mí, ignorando mi claxon y el hecho de que pudo haber provocado un accidente.*

*Justo entonces, por encima del claxon y de la música, escuché el fuerte e inconfundible sonido de una sirena de policía atrás de nosotros.*

*¡Ay, caray! Pensé y rápido reduje la velocidad. El otro auto siguió avanzando delante de mí a gran velocidad. Miré por el retrovisor, no había ninguna patrulla de camino a la vista.*

*Recordé que Miguel es el santo patrón de los oficiales de policía, así que no me sorprendió que*

> *usara su método más eficaz para ayudarme a recuperar mis cabales. ¡Después de ese incidente, manejo con más precaución!*

¿Cómo creó Miguel el sonido de la sirena para que Jerome redujera la velocidad? ¿Lo hizo sólo en la mente de Jerome? Si hubiera traído pasajeros en el auto, ¿ellos también la hubieran oído? Esos son los misterios de Miguel que nunca entenderemos, pero que sin embargo benefician a todos.

Jerome creyó que el arcángel creó el sonido de la sirena porque es el santo patrón de los oficiales de policía y el personal militar. Miguel protege, guía y da valor a los hombres y mujeres uniformados del mundo. Y, a veces, ayuda cuando *nosotros* tratamos con los policías, como descubrió Beverly Wahl:

> *Una noche, iba a visitar a mi mamá, que estaba en un hospital de San Diego. De regreso al condado Orange, me perdí y empecé a dar vueltas erráticas, buscando desesperadamente la autopista.*
>
> *Fue entonces cuando un oficial de policía salió de la nada y me echó las luces, indicándome que quería que me detuviera. En cuanto vi las luces, le pregunté al arcángel Miguel qué tenía que hacer. Escuché que me decía con claridad: "Di que lo lamentas, y hazle saber al oficial que estás perdido y necesitas ayuda".*
>
> *Cuando el oficial se acercó a la ventana de mi auto, preguntó por qué manejaba de esa ma-*

> *nera. Se portó muy duro y pidió ver mi licencia. Como Miguel me indicó, le dije que lo lamentaba, que estaba perdida y necesitaba ayuda.*
>
> *El oficial se volvió muy compasivo y no me dio la multa. También me ayudó a encontrar el camino a la autopista y hasta detuvo el tráfico para que pudiera dar vuelta sin peligro.*
>
> *¡Wow! ¡Gracias, arcángel Miguel! Siempre creí en el poder de los ángeles, pero esto fue una confirmación personal que nadie puede negar.*

Como Miguel trabaja íntimamente con los policías, puede guiarte hacia la mejor manera de hablar con un agente de la ley. Fíjate que Beverly recibió la ayuda del arcángel *después* de pedir su asistencia. Éste es un punto muy importante para recordar: Como ya lo he dicho, Miguel nos ayuda sólo si se lo pedimos porque no tiene permitido interferir con nuestro libre albedrío.

## El lado más suave de la voz de Miguel

Si a Miguel le urge atraer nuestra atención, su voz se escucha con claridad inconfundible. Pero sólo habla bajo cuando se le pide. Carolyn Kellis Reed no escuchó la voz de Miguel hasta después de que la salvó de un accidente de tráfico, desafiando las leyes de la Física:

> *Iba manejando con mis tres hijos pequeños en un camino de dos carriles cerca de mi casa. Entre el*

auto que iba delante del mí y el mío había un espacio como de cinco o seis coches, y viajábamos a una velocidad de 70 kilómetros por hora.

Al lado del camino, un auto chico se preparaba para incorporarse al tráfico. Miré por el retrovisor y me di cuenta que no había autos atrás del mío, así que supuse que el coche esperaría hasta que yo pasara. Me sorprendí cuando salió al camino justo frente a mí. Como el auto pequeño no podía acelerar rápido, sabía que íbamos directo a sufrir un accidente.

Apreté los frenos y cerré los ojos, esperando sentir el fuerte impacto en ese momento. Cuando los abrí (los cerré unos segundos), el auto estaba a varios coches de distancia del mío y no hubo ninguna colisión. ¡De hecho, las leyes del tiempo y el espacio se sobrepasaron completamente!

Estaba muy conmocionada, pero escuché una voz suave, pero fuerte en mi cabeza. Dijo que era el arcángel Miguel y que había hecho los arreglos necesarios para que evitara el accidente. Cuando le pregunté cómo, ya que el accidente parecía seguro, respondió que alteró las condiciones de tiempo y espacio para protegernos a mis hijos y a mí. No era el momento de que saliéramos lastimados, ni muertos, así que intervino por nosotros.

Desde entonces, siempre invoco al arcángel Miguel para proteger a mis hijos y a mí cuando vamos en el auto, y lo ha hecho una y otra vez.

*Escucha la voz de Miguel*

La situación de Carolyn requirió la intervención directa de Miguel aunque ella no solicitó su ayuda. Su historia es un ejemplo de la única excepción a la "Ley del libre albedrío", porque Dios y los ángeles intervienen en casos de vida o muerte si aún no llega la hora de partir de la persona. Por eso Miguel salvó a Carolyn y a sus tres hijos moviendo el auto.

Entonces, ¿por qué el arcángel no salva a todos de la muerte? Ésta es una pregunta antiquísima que quizá nunca entendamos en esta vida. Mi teoría es que la gente tiene "hora de salida" cuando está predestinada a dejar este mundo. Todos acordamos ese momento con el plan máximo de Dios. Quizá algunos eligen un sendero de sufrimiento porque creen que así crecerá su alma.

Repito, son teorías tridimensionales que no pretenden rascar la superficie del universo multidimensional de Dios. Pero de lo que sí estoy segura es de que la vida de muchas personas es salvada por la intervención Divina, y la mayoría de las veces es Miguel quien participa en el rescate.

Igual que en el ejemplo de Carolyn, la voz de Miguel a veces se escucha como una suave voz interior. Creo que generalmente habla bajo y sólo sube el tono cuando las personas no escuchan (como cuando están estresadas o asustadas). Una mujer de nombre Melody G. relata la historia de cómo se volvió muy buena para escuchar, ya que Miguel atraía su atención en voz baja:

*Iba detrás de un camión grande a una velocidad de 80 kilómetros por hora en una vía rápida, muy congestionada, cuando escuché una voz interior o un presentimiento que me decía que me cambiara de carril. Me pidió con insistencia que me quitara del vehículo que iba delante de mí, pero no hice caso.*

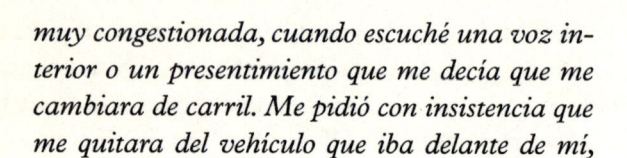

*De repente, un enorme objeto se zafó del camión y se dirigía a mi parabrisas. De inmediato, le pedí al arcángel Miguel que me protegiera por favor. La pieza aterrizó en la carretera y no en mi vidrio, gracias a Dios.*

*Algo en mi interior me dijo que me orillara, ¡y en esta ocasión sí escuché la guía! No había dónde estacionarse, pero de alguna manera logré pararme a un costado de la carretera. Entonces, se poncharon todas mis llantas.*

*Le agradecí a Miguel que me protegiera, pero aún necesitaba su ayuda con mi vehículo descompuesto. No había terminado de pedir asistencia cuando una camioneta blanca se detuvo a ayudarme, y su conductor era un verdadero ángel. Otra vez, gracias, arcángel Miguel, por darme protección.*

¿Cómo puedes estar seguro de que la voz interna viene de Dios y de los ángeles? ¿Cómo distingues si estás imaginándotela o si es una ilusión?

Bueno, la verdadera guía Divina es muy diferente a la del ego o la imaginación. A continuación sus características distintivas:

- **Voz en segunda personas:** La verdadera guía se dirige a ti en segunda personas, como si otra persona estuviera hablando contigo. Sus oraciones empiezan con palabras que alguien usaría en una conversación contigo: "Deberías cambiarte de carril en este momento", o "Ve a revisar la presión del aire de tus llantas". La imaginación habla en primera persona, lo que quiere decir que sus oraciones comienzan con la palabra *yo*, como "Debería cambiar de carril" o "Debería revisar la presión del aire".
- **Énfasis en el servicio:** Los ángeles siempre dicen cómo mejorar una situación o cómo llevar una vida más sana o con más integridad. El ego siempre hace énfasis en cómo hacerte rico pronto, cómo ser popular o trata alguna otra angustia egocéntrica. (La guía de los ángeles puede llevarte a *ser* rico y popular, pero eso es un efecto secundario de escucharla haciendo un servicio o haciendo mejoras, no es la meta de la guía Divina).
- **Sensación de paz:** Cuando Miguel y los demás ángeles hablan, sus palabras van acompañadas de una sensación de paz. La gente que escucha la voz del arcángel en una emergencia, siempre dice que produce un efecto tranquilizador que les permite pensar y actuar con claridad durante la crisis. En contraste, cuando habla el ego, sientes miedo, vacío, irritabilidad, culpa o cualquier otra emoción agotadora.
- **Se escucha la verdad:** Cuando Miguel o los ángeles hablan, "se siente" que su mensaje es la ver-

dad. Aunque lo que digan sea ilógico o intimidante, tiene lógica intuitiva. Por otro lado, los mensajes del ego se escuchan vacíos.

## Mensajes prácticos de Miguel

Otras dos características de la voz de Miguel son su estupendo sentido del humor y su naturaleza práctica y realista. De hecho, los mensajes del arcángel nunca son insustanciales; siempre están basados en su deseo de mejorar nuestras vidas diarias, como lo descubrió Marcelle Vlasic cuando él le habló:

*Soy DJ profesional, y un día me preparaba para llevar el sistema de audio a una boda. Para mí era muy importante llegar con mi equipo a la ceremonia para que ésta empezara a tiempo; sin embargo, mi coche no arrancaba, así que llamé al arcángel Miguel para que me ayudara.*

*Le dije: "Miguel, por favor, haz que arranque mi auto para que me paguen por este trabajo y ayude a los que van a casarse".*

*De inmediato, escuche: "Llama a NRMA", que es el servicio móvil de reparación de autos en Sydney, Australia, donde vivo. Sólo tenía 40 minutos para llegar a la boda, que era del otro lado de la ciudad, así que al principio no hice caso de la guía. Creí que tardarían una eternidad en llegar a mi casa y reparar mi auto. Pero volví a escuchar: "Llama a NRMA".*

*Esta vez hice caso al mensaje e hice la llamada. En cinco minutos, llegó el servicio y el mecánico echó a andar mi coche en otros cinco. ¡Se portó muy bien, como si hubiera sido un ángel terrenal enviado por Dios! En pocos minutos, iba camino a la boda, y llegué a tiempo. ¡Sin duda fue el "tiempo Divino"!*

Hasta ahora, he hablado de la apariencia visual de Miguel y de las características de su voz y sus mensajes. En el siguiente capítulo, conocerás las sensaciones físicas únicas que la gente experimenta cuando el arcángel está cerca.

## Capítulo 3

# Siente la presencia de Miguel

COMO MIGUEL es muy fuerte, es lógico que sintamos su presencia con facilidad. También creo que quiere que sintamos cuando está con nosotros porque es muy reconfortante saber que estamos protegidos y cuidados por el poderoso y cariñoso arcángel. Así que Miguel, el ángel milagroso, tiene la capacidad para hacer notar su presencia.

La piel es un instrumento sensible que al instante detecta variaciones en la temperatura, cambios en la presión del aire y señales eléctricas. Así como percibes la tensión o el conflicto en una habitación, también puedes sentir cuando hay un gran amor y una gran fuerza, como los de Miguel.

La gente dice que percibe la presencia del arcángel con más frecuencia cuando le piden protección y como nos cuenta Caz Greene, produce estupendas sensaciones de seguridad y confort:

*En 2003, estaba tomando el curso Ángel Intuitivo de Doreen en Brisbane, Australia. Doreen nos pidió que le preguntáramos al arcángel Miguel: "¿Qué quieres decirme en este momento?". De inmediato, escuché que me advertía de un peligro esa noche de regreso a la habitación de mi hotel. Miguel me dijo que tuviera cuidado y estuviera alerta, y que lo invocara para que me protegiera.*

*El resto del día estuvo lleno de tantas actividades, que olvidé el mensaje cuando inicié el recorrido de veinte minutos a pie hacia el hotel. Conforme me acercaba a mi destino, percibí un alboroto: Un hombre ebrio se acercaba tambaleándose por la calle en mi dirección, abordando a la pareja que caminaba delante de mí. El hombre les gritaba agresivo.*

*Me asusté, y mi corazón latía como loco cuando vi que el hombre venía hacia mí y yo estaba sola. De repente, recordé el aviso de Miguel y lo llamé por su nombre: "Por favor, arcángel Miguel, quédate junto a mí y protégeme de todo mal".*

*Sentí un roce en el brazo y experimenté una oleada de calidez y fuerza. También me sentí un metro más alta y un metro más ancha. El borracho se acercaba cada vez más, gritando más*

> *fuerte. Llegó a mí y parecía que iba a gritarme en la cara y a agarrarme, pero sus manos fueron rechazadas por algo que estaba delante de mí. El hombre se hizo hacia atrás con una mirada de susto en el rostro antes de irse de allí tambaleándose.*
>
> *Desde entonces, les digo a todos que cuentan con el arcángel Miguel para que los proteja; sin embargo, ¡también tienen que escuchar sus indicaciones!*

Así que parte de la protección de Miguel es la sensación de seguridad que experimentamos cuando él está presente. No creo que haga algo en especial para hacernos sentir su fuerza y su calor. Más bien me parece que su presencia es tan profundamente poderosa y cariñosa que cada una de nuestras terminales nerviosas absorbe el resplandor de su ser Divino.

Muchas imágenes representan a Miguel sosteniendo un escudo, el cual funge como barrera protectora. Miguel nos protege de todas las formas de negatividad, manteniéndonos seguros y ayudando a que nos *sintamos* protegidos. Kate Whorlow sintió cómo el arcángel la protegió con su escudo cuando lo invocó:

> *Una noche, iba caminando a casa, y cuando di la vuelta en la calle de mi casa, sentí que alguien venía detrás de mí. Volteé un instante y vi que un hombre venía caminando cinco metros atrás de mí. Me sentí muy incómoda, como si invadiera*

> *mi espacio. De inmediato, dije en voz muy baja: "¡Arcángel Miguel, necesito tu ayuda ya! Por favor, camina junto a mí y protégeme en mi camino a casa".*
>
> *En cuanto pronuncié esta afirmación, sentí de inmediato al arcángel Miguel a mi lado, envolviéndome con sus alas como si fueran un escudo. En ese momento, me sentí más tranquila. Seguí caminando muy rápido por la calle sin atreverme a mirar atrás hasta que llegué a la puerta de mi casa. Entonces, revisé la calle, y el hombre había desaparecido.*
>
> *Le agradecí al arcángel Miguel su ayuda. Bien pudo ser una situación perfectamente inocente y quizá no corría peligro esa noche, pero al invocar a Miguel recibí el apoyo y la protección que necesitaba para sentirme protegida.*

Miguel nos abraza con sus enormes alas, como Kate lo vivió. Aunque puede estar con nosotros continuamente si se lo pedimos, por lo general no sentimos su fuerte presencia hasta que lo llamamos durante una crisis. Ésta es otra área en la que el arcángel brilla con toda intensidad: tiene la capacidad de calmar los nervios y alivia los corazones al instante.

Su resplandeciente amor nos cambia del sistema nervioso simpático (la respuesta tensa y alerta de luchar o salir huyendo) al sistema nervioso parasimpático (en el que estamos relajados y pensemos con más claridad). Miguel ayudó a Karen Forrest a conservar la calma y evitar un accidente cuando un vehículo se dirigía directo a ella:

*Como oficial de las fuerzas armadas canadienses, no tengo reparos en llamar al arcángel Miguel (el santo patrón de los soldados) para que me dé protección y valor. Y lo invoqué cuando la milicia me envió a otra base, una vez más.*

*Iba en el auto con mi esposo camino al aeropuerto de Ottawa para viajar a Halifax, Nueva Escocia (mi nueva ubicación), y le pedí al arcángel Miguel que nos protegiera durante el recorrido de dos horas. A mitad del camino, manejaba a 90 kilómetros por hora cuando me di cuenta de que la camioneta que iba delante de mí viró inesperadamente hacia el acotamiento del camino. No entendía por qué se había dirigido al costado de la carretera a tan alta velocidad, ¡hasta que vi que un auto venía directo a mí! El coche rebasaba de manera imprudente un tráiler corto y se dirigía justo a mí, ¡los dos veníamos a 90 kilómetros por hora!*

*De inmediato, invoqué al arcángel Miguel para pedirle que nos protegiera. Cuando empecé a virar hacia el acotamiento de tierra del camino, escuché su tranquilizante voz: "No te preocupes, Karen. Ya tomé el volante, voy a manejar por ti. No te pasará nada".*

*Sentí que una intensa calma me invadió (aún con un coche dirigiéndose hacia mí) y la presencia del arcángel Miguel cuando empezó a controlar el volante con cuidado y a llevarlo a la dirección correcta, evitando al vehículo y al tráiler corto que éste rebasaba.*

*Milagrosamente, nadie resultó herido. El conductor que venía de frente a mí recuperó el control de su camioneta después de virar hacia el acotamiento. Evité lo que era un inminente accidente fatal, el auto que venía detrás de mí no fue alcanzado, el tráiler no perdió el control y el hombre que hizo el rebase peligroso no se estrelló, ni causó accidente alguno.*

*Wayne, mi esposo, iba sentado en el asiento del pasajero y quedó impactado por lo controlada que permanecí mientras maniobraba con precaución para sacarnos del peligro. En ese momento no se dio cuenta de que confié completamente en la capacidad del arcángel Miguel para manejar mi auto.*

*¡Gracias, Miguel, por protegernos a todos en una situación muy peligrosa e inquietante!*

Karen describió cómo Miguel manejó con seguridad, una experiencia que ha sido reportada también por otras personas. Mucha gente dice que después de solicitar ayuda al cielo para evitar un accidente, escuchan una voz que les dice: "Suelta el volante", y después miran con asombro cómo un par de manos invisibles manejan el auto para sacarlo del peligro.

## Siente la presencia de Miguel

Aunque a Cerril Groen no la guiaron a soltar el volante, definitivamente recibió ayuda de Miguel para maniobrar su auto en un puente cubierto de hielo:

*Vivo en la parte central de Iowa donde el clima es inestable y cambia de un momento a otro. También tenemos una combinación de niebla y una capa de hielo fina en los caminos que es sumamente traicionera. No es fácil distinguir la capa de hielo y una vez que vas sobre ella, es demasiado tarde para bajar la velocidad.*

*Cada mañana que viajo al trabajo, le pido al arcángel Miguel que me proteja. Ese día en particular estaba nublado y oscuro, me topaba con rachas de niebla cada pocos kilómetros. Cuando me acerqué al puente, escuché una voz muy clara que me decía: "Ten cuidado en el puente". Bajé la velocidad, pero no vi nada fuera de lo normal.*

*Conforme avanzaba, sentía que la superficie del camino se humedecía, así que volví a reducir la velocidad. Cuando me acercaba a otro puente, las mismas palabras cruzaron mi mente:* Ten cuidado en el puente. *Este segundo estaba elevado y cubierto por una gruesa cortina de niebla. No veía dónde terminaba la carretera e iniciaba el puente. Hasta mis caminos normales estaban cubiertos de niebla.*

*Una vez en el puente, vi que había una fina capa de hielo en la superficie. Y cuando levanté la vista, la niebla se aclaró lo suficiente para dejarme ver que un auto bloqueaba el paso de mi carril y otro estaba situado en la barandilla de protección. Había escombros por todas partes y dos personas entre los autos gritando: "¡Alto! ¡Alto!".*

*No había para dónde hacerse y sabía que no podría detenerme en el hielo. Dije en voz alta: "¡Ángeles, ayúdenme!". Al instante, tomaron el control de mi volante y, como un piloto profesional de la NASCAR, conduje mi auto esquivando los coches, a las personas y los escombros. Una sensación de paz se apoderó de mi corazón, y sabía que estaba en manos muy diestras.*

*Mi auto no patinó, y mis llantas no levantaron ni una pizca de hielo. Los ángeles maniobraron mi vehículo alrededor de cada obstáculo como si se tratara de una fina pieza de porcelana china. Y entonces, igual de suave, mi auto salió flotando de la niebla, del puente, y recuperé mi carril original, sin un solo rasguño.*

*Gracias, arcángel Miguel. ¿Qué haría sin ti?*

La siguiente historia habla de algo que siempre escucho. A veces, Miguel no puede prevenir los accidentes de auto, pero sí *puede* evitar que salgamos lastimados, como lo vivió una mujer de nombre Liliana:

*Iba manejando hacia mi oficina cuando un auto a alta velocidad me pegó en un costado. Mi au-*

*tomóvil empezó a girar, pero por alguna razón no sentí miedo. Sólo exclamé: "¡Por favor, ayúdame!", y después sentí que alguien me abrazaba y se aferraba a mí.*

*Después me estrellé en un poste de luz.*

*Cuando mi auto se detuvo, descubrí que su costado derecho había sido impactado por el centro y me dejó encerrada. Yo estaba consciente y pude salir sola. Al ver mi auto completo, quedé sorprendida de haber salido sólo con algunas cortadas en los dedos.*

*Lo más bello de todo fue al día siguiente cuando estaba bañándome y descubrí algunas marcas en mis hombros. Se veían idénticas a las impresiones dejadas por huellas digitales. Estoy segura que fue Dios quien mandó al arcángel Miguel para que me protegiera. ¡Cuando Miguel me abrazó con tanta fuerza, que dejó sus huellas en mi cuerpo!*

## El radiante calor de Miguel

La mayoría de las imágenes de Miguel lo representa con una brillante luz radiando de su espada. Creo que es la manera del artista de transmitir la impresionante cantidad de calor que este arcángel produce. Casi como una deidad solar, Miguel tiene una energía que se ve y se siente como rayos de sol.

Siempre que la gente tiene un encuentro con Miguel, reporta una sensación de calor o calidez. Algunos empiezan a sudar y muchas mujeres me han dicho que creían que tenían bochornos por la menopausia.

Isa Belle Añico incluso descubrió que la presencia de Miguel la calentó en su caminata una fría mañana:

> *Había oído que el arcángel Miguel está contigo si sientes un calor repentino sin ninguna razón aparente. Una mañana, iba a una conferencia fuera de la ciudad y decidí dar un paseo temprano. Estaba oscuro cuando salí del cuarto de hotel y me dirigí a la playa para meditar y ver la salida del sol. En cuanto salí, empecé a preguntarme si caminar sola era una buena idea, y empecé a pedirle protección al arcángel Miguel.*
>
> *Para cuando llegué a la playa y me quité los zapatos, me di cuenta de que tenía calor. Me pareció que era muy raro a las cinco de la mañana, porque sin duda no hacía calor afuera y mi caminata no iba a ser extenuante. Fue entonces cuando descubrí que el calor que sentía no era por la temperatura ambiental, sino que era el arcángel Miguel que respondía mis plegarias y me protegía.*

¡La historia de Isa Belle es una muestra del lado práctico de Miguel! Pero la mayor parte del tiempo su papel es el de proteger a nuestros seres queridos y a nosotros. El siguiente relato de Belinda V. Herrera demuestra cómo el arcángel te protege, si tan sólo aceptas su calor:

## Siente la presencia de Miguel

*He tenido muchas experiencias con el arcángel Miguel, pero una en particular sigue impresionándome hasta ahora. Por los libros de Doreen he aprendido que cuando Miguel está cerca se siente mucho calor. ¡Lo que resultó ser una información muy valiosa!*

*Acaban de pintar la fachada de mi casa. En la noche, prendí los reflectores sin saber que los pintores habían dejado los focos cubiertos con bolsas de plástico. Entonces, cuando sentí que un calor me envolvía, reconocí que era el arcángel Miguel. Fui guiada a salir, como si siguiera ese calor.*

*Una vez afuera, continuaba sintiendo que el calor me envolvía, sobre todo en mi costado y mi oído derechos. Yo no dejaba de mover las manos y los brazos y de dirigirme a la zona donde la temperatura era más alta. Sabía que algo andaba mal porque insistía en dirigirme a un sitio en particular. Estaba un poco confundida, y no entendía por qué. Para mi sorpresa, el arcángel Miguel me llevaba hacia una pared de ladrillo, que se sentía muy caliente. El calor se elevaba hasta arriba, así que levanté la vista.*

*Bueno, Miguel me guió a hacerlo para ver que las bolsas de plástico que cubrían los reflectores estaban incendiándose. Sabía que el arcángel Miguel me había llevado afuera y a levantar la vista para que viera las bolsas.*

*De inmediato, apagué las luces y quité las bolsas. Mientras lo hacía, lloraba de emoción, gratitud y agradecimiento a Miguel. Si no hubiera sido por el arcángel, quizá mi casa se hubiera incendiado mientras mi esposo, mis hijos y yo dormíamos.*

*Es una experiencia que jamás olvidaré. Estoy muy agradecida con el mundo espiritual y con el arcángel Miguel. Siempre manda sus mensajes y hace saber que está presente, sobre todo en una situación de vida o muerte. Sólo tenemos que hacer una pausa y escuchar la guía interna.*

Quiero repetir y hacer énfasis en el punto final de Belinda: "Sólo tenemos que hacer una pausa y escuchar la guía interna". Así como Miguel es capaz de brindar ayuda, guiar y protegernos, no podemos dejarle todo el trabajo a él y hay que poner atención a los mensajes que recibimos a través de las visiones, palabras y sensaciones. Siempre sabemos que Miguel nos guía por sus brillantes luces azul o morada, su estilo directo de comunicarse, el efecto tranquilizador que produce, y el calor que radia.

En el siguiente capítulo, veremos las formas increíbles en las que Miguel nos brinda protección, entre ellas su capacidad de torcer las "leyes" físicas de la gravedad, el tiempo y el espacio.

## Capítulo 4

# Miguel, el protector divino

MÁS QUE nada, Miguel es conocido como el ángel que rescata, protege y salvaguarda. Siempre es representado como un guerrero, si bien es cierto que es un ser muy tranquilo y cariñoso. Como he escuchado y leído muchas historias de la protección milagrosa del arcángel Miguel, estoy convencida de que él es el modelo de los superhéroes que los escritores han usado como inspiración.

Como leerás, Miguel sin duda puede saltar edificios altos de un salto. De hecho, en este capítulo hay muchas evidencias de que el arcángel es absolutamente ilimitado en sus capacidades para ayudarnos. Quizá por eso nos tranquiliza constantemente para que nada nos preocupe, porque él está con nosotros para protegernos.

## Miguel vence las leyes de la Física

Como los ángeles no tienen cuerpo físico, no les afecta en lo más mínimo la gravedad, el tiempo, ni demás aspectos de la Física. Por ejemplo, el arcángel Miguel puede mover en un instante un automóvil del punto A al punto B, o detener el tiempo. Realiza esta magia Divina cuando es necesario para salvar vidas. Los relatos de esta sección disiparán las dudas sobre la presencia y las capacidades milagrosas de Miguel.

Una mujer de nombre Sara está completamente segura de que la intervención del arcángel le salvó la vida, porque no hay otra explicación de cómo su auto, que salió de control, cambió solo de dirección de repente:

*Mi hermano, mi cuñada y yo decidimos visitar a nuestros tíos en Navidad. En algunas partes de la carretera había hielo, pero no sabíamos lo traicionero que podía ser. Cuando entramos a la autopista, le pedí a mi hermano que bajara la velocidad, pero dijo que iba a tener cuidado. Le dimos a un pedazo de hielo y viramos bruscamente unas cuantas veces, pero aun así no redujo el paso. Se enorgullecía de ser un conductor de tráileres profesional con excelente habilidad. Sin duda, era muy bueno para controlar los vehículos grandes, pero íbamos en un auto pequeño.*

*Lo siguiente que recuerdo es que estábamos dando vueltas en los dos carriles de nuestro lado de la carretera íntegra y en aquellos donde venía el tráfico en sentido contrario. El auto era de dos puertas y yo iba atrás. Mi cuñada, que no sabía manejar, seguía tratando de tomar el volante mientras dábamos vueltas.*

*Con cada revolución del auto, veía un tráiler tractor que bajaba la colina. Estábamos al pie de ella y con cada vuelta, el tráiler se acercaba más. Empecé a rezar y a pedirle al arcángel Miguel que nos protegiera, y entonces, milagrosamente, como un destello, nuestro auto se deslizó hacia atrás por los carriles de nuestro lado y se detuvo en un suave banco de nieve.*

*¡Gracias, arcángel Miguel! En el momento en que nos detuvimos, escuché que el tráiler nos rebasó, tocando el claxon. Estoy segura que el conductor también estaba impresionado, ya que todos pudimos haber muerto. No le pegamos a ningún vehículo y ninguno nos pegó, y no sé explicar cómo el auto salió de esa situación, resbaló hacia atrás en la dirección opuesta, más que gracias a la asistencia de los ángeles.*

*Conforme retomábamos despacio nuestro camino a casa de nuestros familiares, vimos autos en las cunetas a ambos lados de la carretera, así como un camión grande que se había salido del camino y caído en el río. Tuvimos mucha suerte.*

Admiro mucho a Sandra por tener la claridad de pensamiento para rezar y pedir la protección de Miguel durante su experiencia. Esa historia es un maravilloso recordatorio de que en medio de una crisis la mejor protección es una oración. Tal vez sea una buena idea desarrollar la costumbre de rezar *antes* de cualquier emergencia para que sea una acción automática decir: "¡Miguel, por favor ayúdame!", en vez de maldecir las aterradoras circunstancias.

El siguiente relato de una mujer de nombre Amber me recuerda una de mis películas preferidas de la infancia, *Un sabio en las nubes*, en la que el personaje de Fred MacMurray descubre una sustancia para hacer que su auto volara como avión:

*Cuando mi esposo fue detectado con una enfermedad terminal, descubrí la espiritualidad, que incluía la comunicación con los ángeles. ¡Esa comunicación resultó salvadora!*

*Yo iba manejando por la carretera con mi hija y me acercaba a una intersección, cuando otro auto invadió nuestro camino. No había manera de que alguno de los coches se detuviera rápido para evitar un impacto grave. En esos preciosos segundos posteriores, lo único que pensaba era que íbamos a morir. Con temor, me di cuenta de que mi esposo moriría solo sin nosotras, pero al final, en la muerte, estaríamos juntos: mi esposo, mi hija y yo.*

*No sé cuánto tiempo pasó desde el momento que supe que habría una colisión al instante en el que sucedió algo verdaderamente increíble, y* debió estar muy cerca de lo instantáneo. Mientras me preparaba mentalmente para el impacto, de repente sentí que mi auto "volaba", como si lo hubieran elevado y siguiera adelante bien protegido. Esto sucedió muy rápido, y no creía, ni entendía qué estaba sucediendo.

Hubo un silencio total, casi como si el tiempo se hubiera detenido cuando esto sucedió. Inmediatamente después, volví a reconocer los alrededores y seguí manejando hacia la casa. He revivido este milagro una y otra vez.

No puedo decir que vi al ángel en el momento en que nos "rescataron" a mi hija y a mí, pero sí sentí la presencia de un ángel que radiaba una poderosa energía de amor protector. Creo que el arcángel Miguel estuvo con nosotros.

Hoy sé que la muerte de mi esposo fue la transición de la Tierra a nuestro Hogar Infinito después de completar su vida aquí. Al mismo tiempo, fue el nacimiento de mi conciencia espiritual y el inicio de un nuevo camino para descubrir mi misión. Mi vida fue tocada por la belleza de los ángeles, que nunca me abandonan.

Ahora cuando manejo, con el rabillo del ojo, o a veces con el tercer ojo, veo tres ángeles muy grandes sentados en el asiento trasero. Parece que van apretados porque no hay espacio suficiente para sus alas. La imagen es increíble y siempre me conmueve. De hecho, no puedo evitar reírme porque la visión es muy simpática. Ésta es la *case de cosas que ilumina mi luz de esperanza en el más allá, donde todos volveremos a reunirnos con nuestros seres queridos.*

Aunque parece que los ángeles tienen alas, no las mueven para volar como pájaros. No obstante, pueden "volar" en el sentido de que están presentes al instante donde los necesitan. Como seres no físicos ilimitados, los ángeles como Miguel pueden estar con miles de personas al mismo tiempo. ¡Llevan la ubicación múltiple a un nuevo nivel!

Así, con la habilidad de los ángeles para desafiar la gravedad, historias como la siguiente de Mary Pulvano no debería sorprendernos. Después de todo, si vuelan, ¿por qué no serían capaces de levantar un automóvil y llevarlo a otro lado?

*Acababan de darme mi licencia de conductor, y como cualquier persona joven, manejaba un poco más rápido de lo que debía. Una noche en particular, de camino a casa, esperaba la luz verde en una intersección muy congestionada. En cuanto se puso, apreté el acelerador y arranqué.*

*Lo que sucedió a continuación sigue impresionándome hasta este día. Lo único que recuerdo es que daba vueltas en la congestionada vía, perdía el control del auto y cruzaba al lado opuesto. ¡Mi auto daba de frente al tráfico que venía en el sentido contrario! Un enorme tranvía y otros vehículos venían directo a mí.*

## Miguel, el protector divino

*Pensé que iba a morir, así que cerré los ojos y dije: "¡Arcángel Miguel, por favor, ayúdame!".*

*Lo siguiente que recuerdo es que abrí los ojos y quedé sorprendida por lo que vi, mi auto eludió todo el tráfico, esquivó al tranvía y terminó en la acera opuesta. Salió sin un rasguño y por suerte ningún transeúnte iba pasando cuando sucedió el accidente.*

*Creo que el arcángel Miguel me salvó esa noche porque no era hora de mi partida. ¡Ahora está siempre a mi lado!*

Además de la reubicación instantánea de autos y hacer que los automóviles vuelen, Miguel puede alterar la dirección de un accidente, como lo vivió un hombre llamado J.L. Williams:

*Cuando viajo, siempre le pido al arcángel Miguel que me proteja. En respuesta a una llamada de atención interna, lo invoqué un día que iba manejando mientras me preparaba para rebasar un tráiler corto.*

*No había terminado la oración cuando el tráiler empezó a dar la vuelta en frente de mí. De inmediato, fue como si una mano gigante lo agarrara y lo enderezara. Como recé y escuché, hoy estoy aquí contándoles esta historia.*

*Sobra decir que no me queda duda de que el arcángel Miguel fue quien me protegió.*

Cuando leo la historia de J.L., siento el sobrecogimiento que le produjo la experiencia. Por mucho que las capacidades de Miguel parezcan sobrenaturales, quizá está dándonos un vistazo del potencial humano aún no desarrollado. Me encantaría ver a los físicos y otros científicos estudiar estas experiencias con Miguel, ya que ofrecen evidencias de levitaciones y otras hazañas que nos beneficiarían a todos.

El siguiente relato de Jeanna Lejk haría estremecerse a los amantes de los animales; sin embargo, por favor, no te preocupes, porque creo que el arcángel Miguel cuidó a Jeanna y al ciervo. El arcángel protege a los animales y a los humanos, y con sus milagrosas habilidades, estoy segura que protegió al venado:

> *Me gusta manejar en la carretera rural escénica durante el trayecto de una hora al trabajo, aunque mi novio y mi familia se preocupan porque no es segura. Pero yo siempre rezo y pido al arcángel Miguel que me proteja a mí y a mi auto, así que me siento perfectamente tranquila. Esta carretera de dos carriles tiene muchas curvas peligrosas y precipicios traicioneros, pero siempre me concentro en el paisaje de árboles, pasto y montañas.*
>
> *Una noche, iba como a 60 kilómetros por hora por la carretera, escuchando la radio y pensando qué iba a cenar. Conforme me acercaba a una curva peligrosa, un venado muy grande se interpuso en mi camino, mirándome. Rápido con-*

*sideré mis opciones: un precipicio a mi derecha, otro carril, y la montaña a mi izquierda. Pero en última instancia, no tuve tiempo para reaccionar porque todo sucedió muy rápido; le di al ciervo, el cual pegó en mi auto, cayó a la grava y rodó hacia el precipicio.*

*De repente, sentí que alguien regresaba mi auto a su carril. Todo lo que recuerdo es la increíble fuerza que sentí. Mi auto volvió al camino, como si nunca hubiera perdido el control. Recé para que nadie atropellara al venado y que el animal estuviera bien. Aunque mi auto había sufrido grandes daños, pude llegar a casa. ¡Gracias, arcángel Miguel, por tu continua presencia en nuestras vidas!*

Estos relatos son un recordatorio de que el Cielo nos ayuda de muchas formas creativas. Cuando pidas asistencia, libera las preocupaciones sobre cómo será respondida tu plegaria, porque el método puede ser algo que desafíe por completo la lógica normal.

## Con la ayuda de Miguel estás completamente seguro y protegido

La milagrosa fuerza de Miguel y su poder para desafiar la gravedad no se limitan sólo a maniobrar vehículos. También nos protegen alterando, deshaciendo o bloqueando el origen de nuestro miedo. No importa cuál sea la situación, Miguel cuida, como descubrió Brenda L. Hann:

> *Vivo en Los Ángeles, en un edificio de departamentos sin lugar de estacionamiento. Una noche, iba caminando de mi auto al edificio cuando me encontré con un enorme pastor alemán bloqueando el paso a la puerta. El perro mostraba señales de tensión conforme me iba acercando, y la postura de su cuerpo cambió a la de ataque. Tenía la mirada fija en mí y las orejas tensas, lo que le daba una apariencia aterradora. Era un animal muy grande, con extremidades largas, y parado en las patas traseras era más alto que yo.*
>
> *El perro se alteró mucho cuando yo estaba a una distancia de metro y medio. Empezó a gruñir y a ladrar con mucha agresividad con las orejas bajas. Estaba listo para saltar sobre mí, y en ese momento llamé mentalmente a Miguel. Lo que sucedió después fue increíble, todo sonido y acción cesaron, y el perro saltó de la banqueta a la calle, ¡donde siguió ladrando como loco un momento más hasta que por fin se echó a correr!*
>
> *Caminé hacia la entrada, rezando para que Miguel lo alejara, en cuanto crucé la puerta y la cerré, las manos me temblaban y sentía que mis rodillas eran como de liga. Creo con certeza que el arcángel intervino y alejó al perro. Entré a casa, encendí una vela para Miguel en gratitud y reconocimiento a su presencia.*

## Miguel, el protector divino

Lo que me encanta de la historia de Brenda es que es el ejemplo perfecto de cómo el arcángel desafía la lógica normal. Por eso, constantemente hago énfasis en que no debemos preocuparnos por *cómo* serán respondidas nuestras oraciones, porque la creatividad y el poder del Cielo son ilimitados. Como descubrió Brenda, Miguel puede detener a un perro amenazante.

Tal vez ya hayas tenido la experiencia de llamar a los ángeles en un avión. Si aún no, el relato de Christine Cowl ilustra cómo Miguel y los demás seres celestiales hacen que los vuelos sean seguros y sin contratiempos:

*Viajaba de Tennessee a Nueva York durante una época de fuertes tormentas. El avión se movía mucho y tenía miedo, por eso llamé al arcángel Miguel y a su Banda de la Piedad para que lo nivelaran y nos llevaran seguros a nuestro destino.*

*Bueno, los ángeles nos ayudaron porque llegamos sanos y salvos al aeropuerto de Nueva York. Además el conductor de mi taxi había esperado pasaje todo el día, pues el nuestro había sido el único avión que llegó a Nueva York; los demás fueron desviados a otros aeropuertos.*

*Constantemente llamo al arcángel Miguel y a su Banda de la Piedad cuando viajo y el avión se desestabiliza. Como resultado, siempre recibo seguridad total y milagros como éste.*

El arcángel Miguel *sí* ayuda a que los viajes sean tranquilos y sin contratiempos, y eso incluye los viajes en auto. Yo sólo pido que tú y yo tengamos la claridad de mente para llamar a Miguel que tuvo Andrea cuando su coche se quedó atascado en las vías de un tren rápido:

*Iba manejando por las vías del tren cuando escuché el sonido del tren que se acercaba inesperadamente porque las flechas del cruce y las luces de aviso estaban descompuestas. Todo el tráfico se detuvo, pero yo me quedé en las vías y el tren se acercaba a mí con las luces encendidas y el claxon sonando. Los autos que estaban enfrente y atrás de mí no se movían, así que no tenía adonde moverme.*

*Grité: "¡Arcángel Miguel, detenlo! ¡Páralo, Miguel!". ¡Milagrosamente, el auto que estaba delante de mi avanzó! Aceleré a la velocidad de la luz, sintiendo el viento del tren junto a mi lado y agitándolo de lado a lado.*

*Mis experiencias con el arcángel Miguel han sido muchas en el transcurso de los años, siempre en el auto. Cuando solicito su ayuda, salgo ilesa de situaciones que podrían tener un final fatal. ¡Y todo gracias a Miguel!*

No sólo el arcángel procura nuestra seguridad cuando manejamos, también protege el auto y demás posesiones físicas, como lo vivió Donna Murray:

*Hace tanto tiempo que invoco a Miguel para que me proteja, que en automático digo su nombre aunque se trate de pequeñeces. Siempre que*

*Miguel, el protector divino*

*me subo al auto, le pido a Miguel que lo envuelva con su luz blanca de amor, fuerza y protección. También le pido que no choque con nada ni con nadie, ni que nadie me choque.*

*Un día, mi hijo invitó a un amigo a la casa. Cuando su mamá vino a recogerlo, nos quedamos unos minutos platicando en la entrada de la casa. Se subió a su auto, y cuando empezaba a irse, ¡me di cuenta de que iba directo a mi coche! Sólo me dio tiempo de decir: "¡Miguel!" cuando le pegó. Me quedé allí parada viendo cómo su parachoques le pegaba al mío.*

*Rápido se hizo para delante, se bajó de un salto del auto y gritó: "¡Dios mío! ¿Qué hice?". Pero cuando revisamos los parachoques, ¡no tenían un solo rasguño! Lo único que hice fue reírme y decir: "¡Gracias, Miguel!".*

Cada una de estas historias es un maravilloso recordatorio de que si llamamos a Miguel, está listo para protegernos en todos los sentidos. También podemos pedirle que cuide a nuestros seres queridos. Aunque el arcángel no puede imponer su ayuda a quien no la quiere, su presencia es como una barrera protectora y una fuerza que guía. En la siguiente historia, Lynne Martin recuerda cómo le pidió a Miguel que protegiera a su hijo:

*Llamo al arcángel Miguel todos los días para que nos brinde su amorosa protección a mi fami-*

*lia y a mí, ya que vivimos en Sudáfrica, un país donde el crimen es una forma de vida. A mi hijo adolescente le gusta salir a los bares, y no puedo describir las historias de terror que escucho con frecuencia. Por eso, cuento con la invaluable ayuda celestial de san Miguel... y nunca me ha decepcionado.*

*Por lo general, mi hijo regresa a las dos de la mañana. Siempre, sin falta, algo me despierta 30 minutos antes de que llegue, y en automático agradezco al arcángel Miguel por proteger a mi niño.*

*Una noche de ésas, no desperté y cuando rompió el día, como a las cinco de la mañana, me llené de pánico porque no sabía dónde estaba mi hijo y si se encontraba bien. Traté de llamarlo a su celular, pero no me contestó. Entonces, me senté, respiré hondo y me propuse relajarme y hablar con el arcángel Miguel. Le pedí: "Ay, mi querido Miguel, sólo tú puedes ayudarme ahora. Sé que cuidas a mi hijo y confío en ti, así que por favor, hazme saber que está bien".*

*A los tres minutos exactos, mi hijo llamó por teléfono y me dijo que había llevado a unos amigos a su casa y se había quedado dormido allí, pero que pronto estaría en casa. Mi primer pensamiento fue:* ¡Gracias, Miguel! ¡Te quiero!

Creo que Miguel guió al hijo de Lynne para que la llamara. Sólo la fuerza de un arcángel puede llegar a un adolescente atolondrado y recordarle que **llame** a su madre. También creo que las oraciones que **Lynne dice** 30 minutos antes de que su hijo llegue a casa cada **noche**, lo protegen cuando sale del bar.

La siguiente historia es de Tania Rome y también es un ejemplo de cómo podemos pedir al arcángel Miguel que ayuda a los demás:

> *Hace unos meses, a mi novio Arran le robaron su bicicleta afuera de nuestro departamento a media noche. La persona que se la llevó cortó una gruesa cadena para bicicleta, y nos sorprendió que lo hiciera tan rápido. Se roban muchas bicicletas donde vivimos, y casi nunca se recuperan.*
>
> *En cuanto mi novio me dijo que no estaba la bicicleta, le pedí al arcángel Miguel que la devolviera de inmediato y sin ningún daño. Para sorpresa de Arran, la policía llamó por teléfono tres horas después para decir que habían encontrado su bicicleta. Estaba abandonada en un estacionamiento, sin daño alguno.*
>
> *Cuando le cuento esta historia a la gente, dice que está muy impresionada o comenta que es poco común o que tenemos mucha suerte. No les digo que pedí la ayuda del arcángel Miguel porque no todos creen en esas cosas, pero yo sé por dentro que la suerte no tuvo nada que ver.*

El relato de Tania es otro ejemplo de cómo Miguel es el campeón de la justicia y la equidad. Como es el defensor de la verdad, protege a aquellos que son acusados injustamente, como comprobó Maura Canty cuando el arcángel le brindó asistencia legal protegiéndola:

*Tengo muchos años estudiando metafísica y he trabajado un poco con los ángeles. Antes de mi experiencia con Miguel, no me fue sencillo conseguir ayuda de los ángeles porque: 1) No estaba segura de que estuvieran allí; 2) Tenía problemas para pedir ayuda a alguien; y 3) Creía que no debía molestar al Cielo con mis problemas, ni pedirles asistencia. Pero cuando necesité a los ángeles como nunca antes, Miguel me protegió de verdad.*

*Trabajo en la industria del crédito hipotecario como asesora de préstamos. Hace años, me contrató una compañía y tenía una asistente que se encargaba de los préstamos para casas. Tenía mucho trabajo y poco tiempo para prestar atención a lo que hacía mi asistente. ¡No tenía idea de que estaba haciendo fraude en mis narices!*

*Un día, recibí una llamada del Buró de Crédito para informarme que debía presentarme ante el gran jurado para responder por los cargos de fraude contra el gobierno. ¡Estaba aterrada! Sabía que no había hecho nada, pero llamé a un abogado, quien averiguó que el caso contra mí era sólido. Un investigador le dijo que iban a acusarme.*

*Así que contraté al mejor abogado de todos, quien también dijo lo mismo:*

*—Avísale a tu familia y encarga a tu hijo porque van a acusarte. Después tendremos que pelear con ellos, por 30 000 dólares. —El abogado dijo que si perdíamos, ¡pasaría entre cinco y ocho años en la cárcel!*

*Era inocente y lo sabía, pero estaba fuera de control. Por suerte, fue cuando recordé a los ángeles.*

*Llamé al arcángel Miguel, encendí luces azules en su honor (ya que ése es su color), y le pedí que me envolviera en sus alas, me protegiera de las falsas acusaciones y dejara que se conociera la verdad. Todos los días, invocaba al arcángel Miguel para que me abrazara y me protegiera. Mandé a mi hijo con unos familiares mientras esperaba que me arrestaran. Fueron momentos horribles, pero creía que Miguel me protegería y la verdad saldría a la luz.*

*¡Vaya que mi fe se renovó! Mi abogado y todas las partes quedaron sorprendidos porque no me acusaron. Dijeron que el investigador estaba seguro de que tenía un caso en mi contra. El tiempo pasó, el gran jurado se retiró y jamás volvieron a llamarme para presentarme, ni me acusaron. Mi nombre también se eliminó de todo el escándalo. Arrestaron a mi ex asistente y está cumpliendo su condena.*

*Todo lo que puedo decir es que sé que el arcángel Miguel me salvó la vida. Me protegió a mí y a mi hijo, que también se llama Miguel.*

*Reforzó mi fe en el reino de los ángeles, y desde entonces, a todos les hablo de los mensajeros del Cielo y de mis experiencias con ellos. ¡Gracias, arcángel Miguel!*

Miguel está con nosotros, cuidándonos a todos y al planeta constantemente. Como lo he dicho varias veces, su capacidad para acompañarnos a todos al mismo tiempo es ilimitada, así como para brindar atención única e individual a quien se lo solicite.

En el siguiente capítulo, conoceremos la milagrosa capacidad de Miguel para dar asistencia en forma de persona… y a veces, hasta el arcángel se aparece en forma humana.

## Capítulo 5

# Ayuda humana de parte de Miguel

A VECES, NO es suficiente con que Miguel se abalance sobre una situación y la resuelva siendo invisible. Hay ocasiones en las que se necesita ayuda en tierra, y en este capítulo leerás sobre los tipos de intervención humana que envía el cielo. El primero es en el que Miguel envía a un mortal para que responda a tus plegarias de ayuda, y el segundo es en el que el arcángel toma forma humana. Sale de la nada para brindar extraordinaria asistencia y después desaparece sin dejar huella.

### Miguel manda mortales para que ayuden

Si alguna vez has sentido el impulso de ayudar a un desconocido, quizá, sin saberlo, seas un miembro temporal de la banda de ángeles asistentes del arcángel Miguel. La infinita sabiduría que rige a todos los seres del Cielo, incluyendo a Miguel, tiene soluciones instantáneas e ingeniosas a todas las plegarias. A veces, esas respuestas hacen que un humano salga al rescate de la persona necesitada. Con mucha frecuencia, los rescatistas se llaman Miguel, como comprobé cuando pedí la ayuda del Cielo en una visita a Adelaide, Australia.

Estaba haciendo abdominales cuando sentí que mi espalda se lastimaba. Tenía mucho dolor y sabía que un buen quiropráctico podría aliviarla muy rápido. Steven, mi esposo, y yo rezamos para que pudiéramos encontrar un buen quiropráctico en Adelaide. Me daba miedo elegir uno sin referencias personales en una ciudad y un país desconocidos. Recé: "Por favor, Dios y ángeles, ayúdenme a encontrar a alguien que acomode mi espalda sin medicamentos ni radiografías, en una sesión".

Le pedimos al personal del hotel que buscara un quiropráctico que pudiera revisarme ese día. Una hora más tarde, el conserje dijo que estaba constándole trabajo encontrar uno que tuviera espacio. Entonces, señaló la lista de un directorio y dijo:

—Hay un médico al que todavía no llamo. Voy a hablar a su consultorio.

Fuimos a desayunar al restaurante del hotel, cuando el conserje se acercó emocionado a nosotros para avisarnos que el último quiropráctico al que había llamado acababa de recibir la cancelación de una cita a

*Ayuda humana de parte de Miguel*

las 15:30 horas. Como iba a dar un seminario esa noche en Adelaide, el horario me quedaba perfecto.

Mientras me vestía para ir a la cita con el quiropráctico, pensaba que podría ser peligroso elegir a uno del directorio al azar. Pero una fuerte y tranquilizadora sensación de paz me invadió, y *supe* con certeza que todo estaba en manos de Dios y ya estaba resuelto. Estaba segura que el Divino había encontrado un quiropráctico estupendo que respondería por completo a mis oraciones. Cuando íbamos en el taxi a la consulta, Steven comentó:

—¡Estoy seguro de que este hombre es bueno!

—Sé que sí —respondí, y le conté que Dios me había tranquilizado.

Al entrar por la puerta del consultorio quiropráctico Rey Guillermo, Steven señaló un letrero y dijo:

—¡Mira el nombre del médico! —El letrero decía: MIGUEL ANGELI. El arcángel Miguel me protegió una vez más enviándome con alguien que se llamaba igual que él.

El doctor Angeli parecía un querubín encarnado, con grandes ojos marrón y sonrisa tímida. Cuando le pregunté sobre su apellido, me explicó que en italiano significaba "ángeles". El doctor Angeli acomodó mi espalda con cuidado en una visita, sin usar medicamentos, ni radiografías ¡justo lo que pedí en mis oraciones!

En las siguientes historias, leerás cómo las plegarias fueron respondidas de inmediato con la aparición de la persona indicada en el momento justo. No se trata de misteriosas coincidencias, sino de la evidencia de la presencia de Dios y de Miguel, que nos cuidan.

El siguiente relato de Donna Ogozalek resalta la conexión de los arcángeles con los oficiales de policía y su estado de santo patrón de ellos. Creo que Miguel inspira a los agentes del orden público para que se rijan por los niveles de integridad más altos y el verdadero servicio:

*Mi hija de cinco años, su amiguita y yo estábamos sentadas dentro de una heladería, disfrutando nuestro postre. Estaba oscureciendo y éramos las únicas en el establecimiento, además de los empleados detrás del mostrador.*

*Dos adolescentes que actuaban con mucha agresividad entraron y ordenaron su helado. Se sentaron junto a nosotras y pareció que pegaron a propósito en el respaldo de mi silla. Miré y me quedó claro que su intención era lastimarnos y que no estaban bromeando. No nos quitaban la vista de encima y su mirada era muy atemorizante. Oí que decían: "Las agarramos cuando salgan".*

*Yo entré en pánico y vi a mis dos pequeñas, que no tenían ni idea de lo que sucedía. ¿Cómo iba a llevarlas al auto y a acomodarlas en sus asientos sin que les pasara nada? ¿Qué planea-*

> *ban hacer los adolescentes? ¿Les daba aviso a los empleados del mostrador?*
>
> *Decidí pedirle al arcángel Miguel que nos mandara protección para que las niñas llegaran sanas y salvas a casa. ¡Segundos después, levanté la vista incrédula y vi entrar a un oficial de policía! De inmediato, saqué a las niñas de la heladería. Sabía que nos habían salvado Dios y el arcángel Miguel, el santo patrón de ése y los demás oficiales de policía de todos lados. El Cielo trabajó para protegernos, y estoy muy agradecida.*

Creo que Miguel guió al policía en dirección a la heladería en respuesta a la plegaria de protección de Donna.

El arcángel también debió adelantarse a la oración de Tina Crandall, porque se aseguró de que hubiera un experto en osos a la mano cuando Tina necesitó información y ayuda:

> *Vivo en Connecticut, cerca de un refugio de tres mil acres en el bosque. Es un lugar mágico con un río, lagunas, vegetación exuberante y muchas pistas para caminata. No se permite la caza, ni la pesca, ni campamentos, y a los visitantes se les avisa que "no pueden tomar otra cosa que no sean fotografías y no deben dejar nadas más que huellas" en los letreros que hay en la entrada.*
>
> *Un día, fui a dar un paseo por el refugio para comunicarme con los ángeles y la naturale-*

za. Pero conforme me adentraba, me preocupaba encontrarme con un oso. ¡El pueblo y las áreas circundantes están llenas de esos animales! Con frecuencia, se meten a los patios de las casa. Y como era primavera, era muy probable que las terriblemente protectoras mamás osas acompañaran a sus oseznos. Además, no había prácticamente nadie en el refugio ese día. Me sentía muy vulnerable conforme caminaba.

Pero también me enojaba que el miedo arruinara lo que podía ser un paseo tranquilo, así que empecé a rezar. Le pedí a Dios que por favor enviara al arcángel Miguel para que me protegiera. Estuve a punto de darme la vuelta un par de veces porque, a pesar de mis oraciones, seguía paranoica. Entonces, recordé la imagen de la carta del arcángel Miguel que dice: "Estás protegida" de las Cartas del oráculo de ángeles, de Doreen, y que la guía dice que su protección es infalible. Repetí para mis adentros: "Estás protegida", y seguí caminando.

Un minuto más tarde, en mi recorrido me encontré con un caballero de edad. Nos detuvimos a comentar lo hermosa que estaba la mañana. Me dijo que había un ciervo un poco más arriba en la dirección hacia la que me dirigía. Comenté que me encantaría ver un venado, pero que me daba miedo toparme con un oso.

El hombre me explicó que había sido el guardabosques del refugio, y que con frecuencia su *esposa recorría las pistas sola y también le daban miedo los osos. Entonces, me dio algunos consejos para evitar el encuentro con los osos y las medidas de protección que debía seguir si veía alguno. ¡Fue de gran ayuda y calmó mi mente!*

*Cuando seguimos por diferentes caminos, me sentí verdaderamente aliviada por haberlo conocido. Me paré en seco cuando descubrí que el arcángel Miguel puso a ese hombre en mi camino. Después de todo, ¿cuáles eras las posibilidades de que me encontrara con un antiguo guardabosques que conociera el comportamientos de los animales salvajes justo cuando estaba nerviosa por los osos? ¡Me sentí muy bendecida!*

Miguel manda ayuda humana cuando estamos en situaciones de tensión y no escuchamos, ni sentimos la guía, ni la presencia de los ángeles. Igual que en la historia del encuentro con asistencia humana de Tina, Vicky Kissel también recibió respuesta a su oración cuando escalaba una montaña:

*Había recibido muchas señales de que tenía que ir a Sedona, Arizona, pero al principio me resistí a la idea. Sin embargo, sentía que mi alma se moría y necesitaba hacer un peregrinaje de sanación a un lugar sagrado, así que finalmente decidí invertir en el viaje.*

*No estaba precisamente segura de qué haría en Sedona, así que empecé a reservar diferentes sesiones de sanación de energía. Todas salieron bien, pero seguía sintiendo que tenía que aprender algo más. El último día que estuve allí, mi intención era escalar la hermosa montaña roja, conocida como Bell Rock. Me dirigí a un estacionamiento cerca de ella, sin darme cuenta de que estaba en el lugar equivocado para lo que quería hacer.*

*Después de 90 minutos de escalar a 35º C, el agua se estaba acabando, así como el tiempo para el viaje de regreso a casa. Pero al final, llegué Bell Rock. Mientras mis ojos se deleitaban con la magnificencia de esta impresionante montaña, ¡se llenaron de lágrimas cuando me di cuenta de que no sabía cómo escalarla!*

*Cerré los ojos y le mandé un mensaje al arcángel Miguel:* ¡Miguel, ayúdame! ¡No puedo hacer esto sola, y para mí es muy importante poder escalar esta montaña! *Abrí los ojos y me bebí la belleza de la maravilla natural que tenía ante mí, mientras emprendía la larga y calurosa caminata de regreso a mi auto, derrotada.*

*Momentos más tarde, un hombre se me acercó y empezó a hablar. Me preguntó si planeaba subir Bell Rock. Era demasiado, y le conté mi historia, ¡lo agotada que estaba y que no sabía cómo escalar!*

*Escuchó con paciencia, comentó que él la subía cuando menos una vez a la semana, me preguntó si me gustaría que me ayudara. En ese*

## Ayuda humana de parte de Miguel

*momento, aprendí mi primera lección: Pídele ayuda a los ángeles.*

*Impresionada porque mi oración hubiera sido respondida tan rápido, acepté su oferta. Por lo general, tengo mucho cuidado con los desconocidos, sobre todo si son hombres. Pero éste me pareció bien. Sabía que podía confiar en él. Ésa fue la segunda lección: Aprender a confiar en la intuición.*

*De camino al pie de la montaña, volteé y le pregunté su nombre.*

*—Miguel —respondió.*

*Empecé a reírme y me preguntó por qué. Le hablé del arcángel Miguel y de que acababa de pedirle ayuda para escalar la montaña. Le dio curiosidad y quiso saber más sobre ángeles. Durante nuestro ascenso, rápido compartí con él mi entonces limitado conocimiento.*

*Conforme avanzábamos más, empezamos a hablar y a compartir más. Llegamos al punto en que ya no podía subir sin su ayuda. Lo tomé de la mano y me subió a la saliente. Me sentía segura sabiendo que él estaba conmigo. Tuve que detenerme a descansar muchas veces. A Miguel no le importaba.*

*—Tómate el tiempo que necesites —me decía.*

*No se imaginaba que estaba aterrada por haber subido tan alto (¡o si lo sabía, disimuló muy bien!). Conforme más escalábamos, tenía que detenerme a tomar aliento y a controlar mi* miedo. *Pedí en silencio:* Arcángel Miguel, ayúdame a superar mi miedo para que llegue a la cima. *Entonces, la paz y la tranquilidad me rodearon, y ya estaba lista para seguir adelante. Enfrentar mis miedos me dio el valor para superarlos.*

*Estábamos como a treinta metros de la cima de Bell Rock. Era más difícil escalar en ese momento, y me daba más miedo. Al mirar hacia abajo, calculé una caída de quince metros. Le pedí a Miguel que se detuviera, porque no sabía si podría continuar. Fue muy comprensivo y dijo que la mayoría de la gente no llega hasta donde había llegado yo, así que no importaba si quería que bajáramos.*

*Lo pensé un momento. Quería llegar a la cima. Exhalando mi miedo, volví a llamar al arcángel Miguel, y dije en silencio:* ¡Arcángel Miguel, tengo mucho miedo! ¡Necesito ayuda! *Al instante, me llené de valor y una voz me susurró con suavidad:* Tú puedes hacerlo. Yo estoy contigo, ¡no te caerás!

*Tragando saliva antes de cambiar de opinión, le dije a mi compañero de escalada:*

—¡Vamos! ¡Iremos a la cima! —*Minutos más tarde, estaba en la cima de Bell Rock. Las piernas me temblaban como a un potro recién nacido, y tenía la respiración agitada. Cuando abarqué con la mirada la enorme roca roja, supe que nunca estuve sola. Con la ayuda de los ángeles, no hay nada grande, ni pequeño, y se consiguen todos los sueños. Sólo tienes que creer.*

*Aunque el Miguel que me llevó a la montaña tenía forma física, en mi corazón sé que cada paso fue cuidadosamente guiado por el arcángel Miguel. Sigo hablando con él con frecuencia y lo invoco para que me proteja en mi trabajo de sanación. Cuando un amigo o un paciente se acercan a pedirme ayuda, de inmediato llamo al arcángel Miguel. Me ha guiado con delicadeza y he recibido muchas bendiciones de su parte y del reino de los ángeles.*

Miguel también manda "ángeles de asistencia vial" a aquellos que viajan en automóvil, como comprobó una mujer de nombre Ana:

*Una noche de mucho viento, iba manejando a casa cuando vi algo en medio del camino. Era muy tarde para tratar de esquivarlo, y el objeto, que era una cubeta, se quedó pegado debajo del auto junto a la llanta. Por suerte, no había mucho tráfico, así que me paré en el letrero de alto y me bajé del auto. Les agradecí a los ángeles por anticipado por permitirme quitar la cubeta y seguir con mi viaje a casa. Sin embargo, como no pude desatorarla, decidí orillarme en el camino y llamar a mi papá para que me ayudara. Seguía rezando, y en esta ocasión le pedí ayuda al ar-*

*cángel Miguel. (Aunque a decir verdad, llegué a pensar que yo sola no iba a poder).*

*Cuando iba a llamar a mi papá, una camioneta se detuvo junto a mí y los dos hombres que venían abordo me preguntaron si necesitaba ayuda, y les dije que sí. Levantaron mi auto con el gato y sacaron la cubeta. Mientras lo hacían, me di cuenta de que los ángeles habían respondido mis plegarias de ayuda.*

*Mientras guardábamos las herramientas, empezamos a platicar. Uno de los hombres dijo que se llamaba Abdul, el otro era su hermano, que acababa de llegar de Australia proveniente del Líbano. ¡Se llamaba Miguel! Entonces, me dijo que Miguel me había visto a la orilla del camino y le había dicho a Abdul que se estacionara para que me ayudaran. Se los agradecí profundamente y, claro, al arcángel Miguel, ¡y desde entonces no dudo de su poder para ayudar!*

En muchas historias de arcángeles (como la de mi quiropráctico y el rescate de Anna), la persona que ofrece ayuda milagrosa se llama Miguel. Quizá se deba a que aquellos que llevan el nombre del arcángel —que se llaman, por ejemplo, Miguel, Michelle, Mikael, y demás— trabajan íntimamente con él.

Los relatos como el de Anna y el siguiente de Lisa Grubb, nos recuerdan que nunca estamos solos, aunque nuestro auto se quede varado en medio de la nada:

*Estaba iniciando una relación con una mujer que no creía en los ángeles, ni en la intervención Divina. Nuestras diferencias espirituales nos causaban tensión, así que decidimos tomarnos unas vacaciones para ver si podíamos resolver nuestras diferencias. Encontramos un hermoso hotel a dos horas al norte de Sydney, en la costa, y el dueño sugirió que lleváramos mi auto todo terreno a las playas más lejanas. Mi pareja y yo disfrutamos de la emoción, y de una profunda conversación durante el paseo por la playa. Por fin, acordamos estar en desacuerdo con nuestras creencias espirituales.*

*Seguimos el camino hasta que encontramos un letrero que decía: NO HAY ACCESO A LA PLAYA. Pero sabíamos que el mar estaba a la vuelta. Así que ignoré la indicación y seguí aproximadamente 100 metros (300 pies), pero pronto me di cuenta de que la arena era muy profunda. Decidí dar la vuelta y regresar, pero el auto se hundía cada vez más. Después de veinte minutos de frustrantes intentos por salir de la arena, seguíamos hundiéndonos cada vez más. Sentada en el interior de la camioneta, mi compañera insistió en que yo fuera a buscar ayuda.*

*Respiré hondo, recargué la cabeza en el volante, cerré los ojos y le pedí en voz alta al arcángel Miguel que nos mandara ayuda ya. Antes de que mi pareja pudiera terminar de preguntarme: "¿Qué crees que eso va a hacer?", yo estaba fue-*

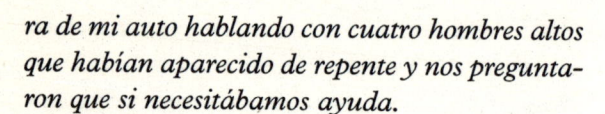

*ra de mi auto hablando con cuatro hombres altos que habían aparecido de repente y nos preguntaron que si necesitábamos ayuda.*

*Los hombres estaban corriendo por la playa, entrenando para la competencia He-Man de la ciudad, y no descansaron hasta que liberaron mi camioneta de la playa y vieron que nos encaminábamos a la ruta principal. Fue una bendición increíble porque no sólo me salvó de ir caminando al pueblo a buscar una grúa, también ayudó a que mi compañera entendiera por qué creo tanto en los ángeles.*

Miguel envía ayuda humana cuando viajamos, ya sea en avión, tren, auto o barco. Es una buena idea que le pidas que te asista cuando estás preparando tu viaje. Puede facilitar las cosas cuando haces las reservaciones de avión y hotel, y después te asiste en cada paso del camino.

El arcángel también rescata a viajeros varados, como comprobaron Gigi Stybr y su esposo en sus vacaciones a Italia:

*Era el último día de nuestras vacaciones en Italia. Mi esposo y yo disfrutamos de una cena a temprana hora en un restaurante de la Via Veneto en Roma. Nuestro vuelo de regreso a Estados Unidos salía a las siete de la mañana del día siguiente. Eso significaba que debíamos levantarnos temprano, y pedimos en la recepción del hotel que llamaran un taxi para que nos recogiera a las cuatro y media para llevarnos al aeropuerto Fiumicino.*

*A la mañana siguiente, esperábamos con nuestras maletas en la entrada del hotel. A las 4:35, un auto negro muy maltratado se detuvo y un hombre de apariencia descuidada bajó para acomodar nuestro equipaje en la cajuela. A esa hora de la mañana, no había ni un alma despierta en Roma. Hasta las luces de la calle estaban apagadas.*

*Pronto nos dimos cuenta de que algo andaba mal. El motor empezó a hacer ruidos raros, y cuando dábamos la vuelta al Coliseo, descubrimos que íbamos en un taxi ilegal que ni siquiera traía teléfono. Taxi ilegal o no, sólo queríamos llegar a tiempo al aeropuerto.*

*Pero claro, el auto se paró y se apagó. Estábamos varados. El conductor se puso muy nervioso y sólo le preocupaba su coche averiado. El hecho de que pudiéramos perder el avión no le interesaba en lo más mínimo. Mi esposo y yo vimos a nuestro alrededor. No había un solo auto en la calle, y todos los edificios estaban oscuros. Sólo las estrellas en el cielo brillaban como bellos diamantes. Calle abajo había un letrero iluminado que decía: HOTEL. Le dije a mi esposo:*

*—Ve a pedir ayuda. —De inmediato se dirigió allá.*

*Yo me quedé en la banqueta con las dos maletas. De repente, pensé:* Debe haber otra manera. *Mi desesperación se elevó a tal punto, que veía toda la escena en cámara lenta. Respiré hondo y grité en silencio:* ¡Arcángel Miguel, por favor, ayúdanos, ahora!".

*En cinco segundos, aparecieron las luces de un brillante coche blanco, que se detuvo justo a mi lado. Por dentro también estaba bien iluminado, y el conductor bajó la ventana para preguntarme si necesitaba un taxi. El joven rubio, de ojos azules, se bajó. Tenía una hermosa y dulce sonrisa, y parecía que lo envolvía una luz celestial.*

*Mi esposo regresó unos minutos después. Nos subimos al auto, y el joven rubio nos llevó al aeropuerto con tiempo de sobra.*

## Ángeles encarnados

Las historias de esta sección son poderosos ejemplos de la milagrosa capacidad de Miguel para protegernos en cualquier situación. Tiene el poder para aparecer en forma humana y luego de desaparecer sin dejar rastro. En algunos de estos relatos, creo que Dios y Miguel enviaron a un ángel que encarnó temporalmente en una persona que brindó ayuda.

En la siguiente historia de Robyn Holmes, el individuo en cuestión tenía varias de las características que identifican a un ángel encarnado:

## Ayuda humana de parte de Miguel

1. Apareció de repente, de la nada, en respuesta a una plegaria de ayuda.
2. Hizo gala de una fuerza extraordinaria.
3. Desapareció sin dejar huella antes de que alguien le agradeciera.

*Estaba empujando el carrito de las compras que traía una caja grande con un escritorio para computadora, iba hacia mi auto. Cuando llegué al vehículo, no podía mover la caja porque estaba pesada. La caja se atoró en el carrito, que se levantó en dos ruedas, dejando mi rodilla atrapada en el remolque del coche. ¡Acaban de operarme para reemplazarme la rodilla, así que estaba en graves problemas!*

*Busqué a mi alrededor para que alguien me ayudara, pero no había ni un alma en el estacionamiento. Entonces, como me dolía muchísimo, recé en silencio:* Arcángel Miguel, necesito ayuda, ¡y la necesito ya!

*No había terminado de decirlo, cuando una voz detrás de mí dijo: "¡Necesita ayuda ya!", y un hombre levantó la caja como si se tratara de una pluma y la puso en mi auto. Sonriendo, desapareció entre dos autos estacionados* ¡sólo que nunca salió del otro lado!

*Veía con claridad y me quedé observando, y ni siquiera lo vi desaparecer. Entonces, me subí a mi coche y dediqué una oración de agradecimiento al arcángel Miguel por su ayuda y por su ángel ayudante. Sé que no había nadie detrás de mí, ni a la vista, porque estaba viendo, en serio. Dios bendiga al arcángel Miguel, que siempre acude cuando lo llamamos.*

La cuarta característica de los ángeles encarnados que la gente reporta es su apariencia exótica o inusual. Algunas personas los describen extremadamente bien vestidos, y otros se han encontrado con algunos en harapos; pero siempre sus ropas y sus facciones son únicas.

En muchos cuadros y visiones del arcángel Miguel, aparece rubio y bronceado, con facciones nórdicas. Me parece que casi toda la gente lo ve rubio por su resplandeciente aura dorada, no porque pertenezca a una raza en particular (sobre todo porque no tiene cuerpo).

La hermana de Cheryl Brook fue rescatada justo por un ángel rubio:

*Mi hermana Kathy iba manejando por la calle y por accidente cayó en una zanja junto a la vía. Cuando intentó echarse en reversa, el auto no se movió. No estuvo allí mucho tiempo antes de que un hombre enorme y rubio viniera en su rescate. ¡Para sorpresa de Kathy, sacó el vehículo de la zanja!*

*Cuando ella volteó para agradecerle, ya no estaba. Kathy nunca dijo que fuera el arcángel Miguel. Es lo que yo creo.*

## Ayuda humana de parte de Miguel

En el siguiente relato de Ann O'Donovan, no sólo la salvó un atractivo y rubio ángel, ¡sino que también se llamaba Miguel!

*Estando de vacaciones en Creta, Grecia, tomé dos autobuses para ir a conocer la isla y a cenar, tomar unas copas con unos amigos y pasar una noche estupenda. Aproximadamente a las 2:30 de la mañana, mis acompañantes se ofrecieron a llevarme a la ciudad, donde estaba hospedándome, pero no lo acepté, porque vivían a dos horas del otro lado de la isla. No me pareció justo que viajaran tantos kilómetros.*

*Cuando mis amigos se fueron, caminé al sitio de taxis en la plaza del pueblo. Por lo general, la plaza está a reventar a toda hora, pero esa noche estaba desierta y parecía la escena de una película de vaqueros con plantas rodadoras paseando por la calle principal de un pueblo fantasma. El viento arreciaba, y no había una sola alma a la vista, hasta que apareció una mujer mayor vestida con el tradicional atuendo negro griego. Me preguntó:*

*—¿Quieres taxi?*

*—No —contesté.*

*—Respuesta incorrecta —respondió. Se me hundió el corazón y pensé: ¿Ahora qué?*

*Cerré los ojos y dije: "Querido arcángel Miguel, mira en qué predicamento estoy. Estoy en un país extranjero. ¿Podrías ayudarme a regre-*

sar a Stalis, donde me hospedo?". Cuando abrí los ojos, para mi gran sorpresa, en frente de mí estaba el hombre rubio más hermoso en una motocicleta, sonriéndome. Siendo soltera, creí que todas mis plegarias habían sido escuchadas, ¡y no sólo la del transporte!

Me descubrí preguntándole al hombre si iba para Stalis, y me respondió que sí, que me llevaba, como si hubiera estado esperándome. Me dijo que se llamaba Miguel.

Con todo mi encanto y conversación irlandeses, soy un poco tímida con los hombres. Me recorrían tantas emociones y pensé: ¡Qué curioso! ¿Cuáles son las posibilidades de conocer a un Miguel rubio y griego, sobre todo de esta manera?

Todo me parecía maravilloso. Podía sentir su gentileza, era tan hermoso. Tomamos la ruta de la costa, que estaba muy bien iluminada por la luz de la luna, pero lo que más me impresionó fue la blancura de las increíblemente bellas manos de mi acompañante. Me llevó justo adonde quería ir.

Al bajarme de la motocicleta, se me cayó la bolsa. ¡Cuando me enderecé después de levantarla, el hombre ya no estaba! ¡Simplemente desapareció! Miré hacia todos los caminos, pero de verdad que había desaparecido. Estaba molesta porque no pude ni agradecerle el favor.

Fue una experiencia increíble, una que atesoro porque creo que él no era de este mundo. El *arcángel Miguel es mi amigo y compañero constante, y estoy muy agradecida por tener su amor y su apoyo en mi vida.*

Una mujer llamada Sita conoció otra de las características que se reportan con frecuencia durante las interacciones con ángeles encarnados: trató de ponerse en contacto con la persona que la ayudó y no la encontró. Muchas veces, la gente descubre que ese individuo ni siquiera existe. He recibido cientos de historias como la de Sita:

*En agosto de 2005, mi hija y yo, junto con tres de sus amigas, íbamos de Amherst a Pugwash, Nueva Escocia —una distancia de 50 kilómetros aproximadamente—. Mi intención era tomar gasolina en Amherst, pero con todo lo que las niñas y yo nos divertimos, lo olvidé.*

*20 kilómetros antes de llegar a casa, vi que el indicador "sin gasolina" estaba encendido en el tablero. Íbamos por un camino solitario ya tarde en la noche, y la estación más cercana estaba en Pugwash. También había olvidado traer mi celular, así que manejé hasta que se me acabó la gasolina y me detuve.*

*¡No quedaba más que rezar! Llamé al arcángel Miguel y mandé plegarias para que nos ayudara. A minutos de mi oración, vi un camión por el espejo retrovisor. Las chicas y yo nos bajamos del auto y le hacíamos señas con las manos*

*como locas. Por suerte, el conductor se detuvo y me di cuenta de que el letrero del camión decía: DEPARTAMENTO DE TRANSPORTE DE NUEVA ESCOCIA.*

*Corrí al lado del conductor y descubrí que era un hombre mayor con aire de ángel. Rápido le expliqué mi situación, él sonrió y me dijo:*

*—Traigo un tanque lleno de gasolina en la cajuela del camión. —Lo vació en mi tanque y se negó a que le pagara por él. Dijo: —No, querida, es un regalo de parte nuestra.*

*Entonces me pidió que lo siguiera para que nos guiara hasta la gasolinera más cercana. Le agradecí al arcángel Miguel y al hombre profundamente, y llegamos sanas y salvas a casa.*

*Al día siguiente, pasé por el departamento de transporte para volver a agradecerle a nuestro rescatistas. Para mi sorpresa, me dijeron que el hombre que describía estaba jubilado y que ninguno de los camiones había salido a esa hora de la noche.*

*¡Volví a agradecerle a Miguel por el milagro! Siempre mando una bendición cuando paso por el departamento de transporte, ¡y todavía se me eriza la piel cuando paso por la zona donde un ángel me rescató!*

La siguiente historia de una Practicante de Terapia con ángeles (PTA) de nombre Nan Penn es una muestra

*Ayuda humana de parte de Miguel*

de cómo el arcángel Miguel puede tomar la forma de una voz servicial por teléfono:

*Llevé mi auto a la agencia para que le hicieran el servicio y esperé a que estuviera listo. El empleado del taller llevó el coche adonde yo estaba parada y dejó el motor encendido. Me subí, metí la velocidad y regresé a Scottsdale, lo que implicó una hora de tráfico pesado. Antes de ir a casa, pasé a hacer las compras. Cuando apagué el motor, de repente me di cuenta de que no estaban las llaves de mi casa ni el aro del llavero, sólo la llave del coche estaba pegada.*

*Busqué por todos lados mis llaves desaparecidas, en la guantera, en el último recoveco del asiento del pasajero, incluso entre los cojines, pero no estaban. Eran más de las seis de la tarde, y sabía que el taller estaba cerrado. Aunque mis llaves estuvieran allí y pudiera recuperarlas, eso implicaba un viaje de dos horas de ida y vuelta, y estaba agotada y hambrienta. Pero si no encontraba las llaves, tendría que ir por un cerrajero para entrar a mi casa.*

*Pedí ayuda a los ángeles y llamé a la agencia de autos. El telefonista me dijo que el taller estaba cerrado. Le pedí que me comunicara con alguien de la sala de ventas, pero los dos vendedores me informaron que no podían ayudarme y que su gerente ya se había ido.*

*¡Ya estaba desesperándome!*

—¿*No hay alguien más con quién pueda hablar?* —*Pregunté como loca. La mujer que estaba al teléfono dijo que había otra persona que podría ayudarme.*

*Lo siguiente que escuché fue una agradable voz masculina:*

—*Habla Miguel, ¿en qué puedo servirle?* —*Le conté mi problema y dijo que iría al taller a buscar mis llaves. Mientras esperaba a que regresara, entendí la importancia de su nombre, y le supliqué al arcángel Miguel: "¡Por favor, ayuda a tu tocayo para que encuentre mis llaves!".*

*No pasó mucho tiempo cuando Miguel volvió al teléfono y dijo:*

—*¡Las llaves están en su auto!*

—*¡Pero ya las busqué por todos lados!* —*Le contesté.*

—*¡Las llaves están en su coche!*

—*No sé cómo podrían estar allí, si ya busqué en todas partes* —*le dije.*

—*¿Escuchó lo que le dije?* —*Repitió en voz más alta*—: *¡Las llaves están en su auto!* —*Bajé la vista hacia mi bolsa de mano y la moví. ¡Allí estaban mis llaves! ¿Estuvieron siempre allí y simplemente no las vi, a pesar de mi cuidadosa búsqueda? ¿O llegaron a mi coche como por arte de magia?*

*Lo único que sé es que sucedió un milagro, y pude irme en paz a mi casa sin tener que regresar a la agencia de autos, ni buscar un cerrajero.*

*Les di las gracias a Dios y al arcángel Miguel con fervor por responder mis plegarias, pero también por recordarme siempre que tengo que separar las llaves de mi casa y tenerlas en mi posesión antes de llevar el coche a servicio. ¡Fue una lección de los ángeles con final feliz!*

Por la posición de ventaja que tienen en el cielo, los ángeles pueden ver la ubicación de los objetos perdidos, y el arcángel Miguel se aseguró de que le transfirieran a *él* la llamada de Nan para que pudiera conducirla a sus llaves. Esta historia nos recuerda que siempre estamos protegidos.

※ ※ ※

Está claro que el arcángel Miguel ayuda a que la gente viva vidas más seguras y sanas por medio de su intervención Divina. Mi oración es para que recuerdes esto en caso de que alguna vez te encuentres frente a una situación atemorizante y recuerdes, como la gente que cuenta sus historias, invocar al arcángel Miguel para que te ayude.

En el siguiente capítulo, veremos otra forma en la que Miguel nos asiste para liberarnos de tensiones: reparando artículos eléctricos y mecánicos. Esta otra especialidad poco conocida del arcángel sin duda ha beneficiado a mucha gente, como estás a punto de leer.

## Capítulo 6

## *El arcángel Sr. arregla todo*

EL ARCÁNGEL Miguel es venerado por su fuerza, su valor y la protección que brinda. Pero muchos también han descubierto una segunda especialidad poco conocida de Miguel: su increíble habilidad para arreglar cualquier cosa eléctrica o mecánica. Quizá esta moderna forma de ayuda angelical es producto de la nueva era tecnológica. Con todo, tal vez recibo más relatos de cómo Miguel resuelve problemas mecánicos que ninguna otra historia de ángeles.

### Arcángel reparador de autos

Por si llegáramos a creer que las reparaciones automotrices son una pérdida de tiempo para el arcángel Miguel o no son dignas de él, estas historias son una muestra de cómo su intervención salva vidas y restaura la paz, entre otros beneficios. Es obvio que Miguel hace reparaciones como parte de su misión global de protegernos del miedo; el hecho de que trabaje con tanta rapidez y eficiencia es aparte, como ya leerás.

Como nuestro mundo depende de este medio de transporte, Miguel hace muchas reparaciones a los autos. Como ángel ilimitado, puede ayudar a un número infinito de personas y automóviles al mismo tiempo, así que su trabajo de reparación abarca a todos. Él responde feliz a las llamadas de ayuda, y casi siempre con su sentido del humor característico, como lo descubrió Jenny Bryans cuando se descompuso su coche:

*Uno de los postes de la batería de mi Honda Accord 1999 se oxidó, así que el auto se paraba con frecuencia o de plano no arrancaba. Un día, iba a hacer unos mandados cuando se apagó de repente.*

*Me estacioné en una calle cercana y abrí el cofre. Vivo en un pequeño poblado y por lo general cuando alguien se queda varado, todo el mundo se detiene. Pero ese día nadie se detuvo. Pasaron varios vehículos a mi lado, y los conductores ni siquiera me vieron. Empecé a llamar por teléfono a gente que podía ayudarme, pero no encontré a nadie.*

*Por suerte, eso sucedió frente a una iglesia y fui a la oficina a buscar ayuda. Por desgracia, las puertas estaban cerradas con llave y no ha-*

bía nadie cerca. Entonces, probé en el santuario de la iglesia. Había visto que salía gente del edificio y había varios autos en el estacionamiento, así que pensé que habría alguien para pasarme corriente. Sin embargo, no encontré un alma.

Salí a la lluvia y decidí que tenía que pensar en otra opción. Unas semanas antes de que esto sucediera, había ido al taller que Doreen dio en Toronto, donde nos enseñó que el arcángel Miguel era el "Señor arregla todo".

Lo llamé para que arreglará el problema de la batería para siempre. Respiré hondo y regresé caminando al auto. Fui guiada a sentarme adentro y mandarle energía al motor. Mientras lo hacía, con el tercer ojo vi a Miguel revisando mi motor. ¡Hasta parecía que vestía overol para hacer su magia! Después de un par de minutos, me sentí guiada a encender el auto. El motor encendió sin problemas.

Le agradecí profundamente a Miguel y me preparé para terminar lo que tenía que hacer. Miré hacia la iglesia y vi su nombre, al que nunca le había puesto atención; el letrero decía: SAN MIGUEL. Sonriendo por haberme estacionado cerca de una iglesia con ese nombre, tomé la avenida.

Desde ese día, la batería del auto ya no ha tenido problemas. Hoy, cuando algo mecánico falla, le pido al arcángel Miguel que lo arregle. Él es mejor y más económico que cualquier mecánico o técnico.

Me encanta el hecho de que el arcángel Miguel guiara a Jenny a una iglesia que se llamaba como él. No intenta ocultar que nos ayuda, porque parte de su trabajo de sanación es hacernos saber que no estamos solos. Cuando tenemos una experiencia profunda con Miguel, no nos queda duda de su poder, ni de su existencia. La función de los arcángeles es traer la paz del Cielo a la Tierra como sea necesario. A veces, eso significa pasarle corriente al auto de una persona, como recuerda Mónica:

> *Una mañana de lunes, tenía que llegar a varias citas importantes. Pero al subirme al auto, el motor no encendió, ¡estaba muerto! Así que cerré los ojos y pedí la ayuda del arcángel Miguel. Y en cuanto volví a poner la llave en el encendido, ¡rum! ¡El auto prendió de inmediato!*

El arcángel Miguel acude para ayudar si el auto de alguien no enciende, sobre todo cuando, como en el caso de Helen Demetrious y su hijo (la siguiente historia), es un asunto de seguridad:

> *Una tarde de invierno, iba en el auto camino a mi casa en la isla de Chipre, después de recoger a mi hijo del kinder. Empezó a caer un aguacero y las calles se inundaron en minutos. La lluvia no me permitía ver el camino y no había dónde detenerse, así que tuve que seguir adelante. Me dio mucho miedo e invoqué al arcángel Miguel*

*para que nos acompañara a mi hijo y a mí y nos ayudara a llegar sanos y salvos a casa. Sentí su presencia en el auto, lo que me hizo sentir mejor.*

*Estaba asustada, pero como me di cuenta de que mi hijo también estaba preocupado, me controlé. Ya cerca de la casa, tuve que pasar por un hoyo en el pavimento lleno de agua. Sentí que las llantas perdían tracción y mi auto empezó a flotar sin rumbo. A los demás vehículos que iban junto a mí les pasó lo mismo, y me dio miedo que chocáramos.*

*De alguna manera reuní fuerzas y decidí que íbamos a regresar sanos y salvos a la casa, y que los ángeles me ayudarían. Así que dije con tono autoritario: "¡Arcángel Miguel, por favor, ayúdame ya! ¡Llévanos a mi hijo y a mí sanos y salvos a la casa,* ahora*!".*

*Justo entonces, las llantas del coche se pegaron al pavimento, pero el motor se había apagado. Así que volví a decir: "¡Arcángel Miguel, por favor, echa a andar este motor ya!", ¡y encendió! Entonces sentí un enorme empujón y mi auto salió disparado hacia fuera de hoyo hacia la colina. El motor volvió a apagarse, pero ya estaba muy cerca de la casa para que mi esposo nos recogiera. Cuando salimos de nuestro auto y subimos al de él, le agradecía a Miguel y a los demás ángeles. ¡Fue entonces cuando bajé la mirada y vi muchas plumas flotando en la calle!*

Miguel dejó su tarjeta de presentación, en este caso las plumas, para que Helen supiera que él fue quien la ayudó. Después de revisar miles de historias similares, me quedan dos cosas muy claras:

1. Los ángeles quieren ayudarnos a vivir vidas más felices, más seguras y más tranquilas.
2. Los ángeles quieren que sepamos que están con nosotros.

A diferencia de las historias de ficción de superhéroes con identidades ocultas, Miguel encuentra la manera de decirnos: "Fui *yo* quien te rescató". Eso es parte del plan de Dios para hacernos saber que nos aman y nos cuidan siempre y sin condiciones. Las antiguas creencias de que debemos sufrir la vida solos son eso: viejas creencias. Hoy sabemos que la vida es una creación con el Divino, ya que somos *parte* del Divino. Así como los padres quieren lo mejor para sus hijos, el Creador también quiere lo mejor para nosotros.

Los ángeles me han dicho que su misión principal es traer paz a la Tierra, persona por persona. Y lo hacen disminuyendo el estrés, la ira y el miedo. Me han informado que no son las cosas grandes de la vida las que causan el estrés que debilita, sino los cientos de pequeños irritantes que se juntan para alterar nuestra paz interior, como descubrió Holly Braschwitz:

> *Mi novio y yo íbamos manejando de California a Cleveland para que se mudara a vivir conmigo y mi hijo.*

*Cuando empezamos el largo viaje para cruzar el país, nos dimos cuenta de que las luces traseras de nuestro tráiler seguían haciendo corto circuito. Teníamos que orillarnos en la carretera, apagar el auto y volver a encenderlo varias veces antes de que la luz se quedara prendida. Si caíamos en un bache, teníamos que repetir todo el proceso.*

*Lo hicimos durante tres horas antes de que me acordara de pedir ayuda a los ángeles. "Arcángel Miguel, por favor, protégenos durante el camino y haz que las luces del tráiler se queden encendidas en el viaje", supliqué al final. Las luces no se apagaron el resto de la noche. Al día siguiente, le pedí que dejara las luces del tráiler encendidas, ¡y lo hizo!*

*¡Sé que él nos cuidó y nos protegió en nuestro muy largo recorrido!*

Miguel repara automóviles para protegernos a nosotros y a los demás conductores. El amor del arcángel que lo abarca todo nos ayuda a evitar los peligros. También ayuda a liberar el estrés de las preocupaciones económicas relacionadas con los autos, como descubrió una mujer de nombre Jennene:

*El verano pasado, nuestro auto empezó a darnos problemas. Se sacudía y se movía de forma extraña, de manera inconsistente. Mi papá, mecánico profesional, confirmó que el problema estaba en la transmisión. Bueno, estábamos molestos, por decir lo menos, porque no teníamos dinero para arreglarlo o para comprar uno nuevo. Estábamos pasando por penurias económicas y no sabíamos qué hacer.*

*Fue entonces cuando recordé que escuché a Doreen decir que el arcángel Miguel arregla problemas mecánicos. Tengo fe, así que lo invoqué y le pedí que por favor nos ayudara y reparara nuestro vehículo.*

*Casi de inmediato, empezó a caminar bien. Me sentí segura de que era por la intervención del arcángel Miguel. Sin embargo, mi esposo quería estar seguro, así que lo llevó al taller en dos ocasiones. Las dos veces, los mecánicos le dijeron que la transmisión estaba bien y que no encontraban ninguna falla.*

*Le dije a mi esposo que el arcángel Miguel había arreglado nuestro auto. No tenía otra explicación, ya que todo marchaba de maravilla. ¡Ahora ya cree!*

La intervención de Miguel aumentó la fe del esposo de Jennene, y ésa es una razón por la que el arcángel nos ayuda de formas tan prácticas y aparentes. La siguiente historia de Desiree Heinen también es una muestra del efecto espiritual y sanador de la intervención del arcángel. Después de recibir la asistencia inmediata de Miguel para reparar su auto, la fe de Desiree en Dios y los ángeles creció:

## El arcángel Sr. arregla todo 133

*En Año Nuevo de 2005, iba manejando como a las tres de la mañana. Estaba aproximadamente a dos horas de mi casa y quería liberar el dolor emocional que había vivido en 2004. Quería sanar mi corazón para que los patrones negativos de los años anteriores no siguieran al nuevo. Iba manejando y llorando, sintiendo enojo conmigo, con el universo, ¡y hasta con Dios y el arcángel Miguel! Me sentía abandonada.*

*También estaba cansada de la molestia crónica que era la luz que indicaba que revisara el motor de mi auto, que siempre estaba encendida, a pesar de las varias visitas a la agencia. Había aprendido a vivir con su brillo ámbar burlándose de mí, ¡pero ese día traía la furia a flor de piel!*

*Así que esa mañana de Año Nuevo que iba manejando y dando rienda suelta a mi coraje, miré la luz y me enojé aún más. Recuerdo que grité a todo pulmón: "Miguel, si eres tan poderoso, ¿por qué no apagas la luz del motor?".*

*Me sentí avergonzada después de decir eso. Iba por una autopista desierta y solitaria y estaba enojada conmigo. Entonces, vi la luna como nunca la había visto, me dejó sin aliento.*

*Cuando regresé la atención al volante, sentí que me invadía una sensación de paz increíble. Al bajar la vista, ¡la luz del motor estaba apagada! Después de un año de que esa molesta luz ámbar iluminara mi tablero, ya no estaba encendida. Estaba impactada, así que me detuve y me quedé sentada mirándola, sabiendo que en cualquier momento volvería a prenderse. No se encendió. Empecé a llorar, y entre lágrimas y risas, le agradecí a Miguel. ¡Me disculpé por mis palabras bruscas y le dije que era increíble!*

*Mi vida cambió a partir de ese momento. El año 2005 fue un periodo increíble de crecimiento, y trabajé cada situación con la guía de Dios y de mis ángeles. Con la ayuda de Miguel, entregué mis patrones de pensamiento y de reacciones negativos. Hoy camino con Dios. Todos los días, doy gracias al Cielo y a mis ángeles por todo, y Miguel nunca se va de mi lado,* nunca.

## Reparaciones electrónicas

Dios y los ángeles son seres ilimitados, por eso pueden ayudar a todos y a cada uno al mismo tiempo. Menciono esto porque de vez en cuando la gente malinterpreta el tema a tratar. Dicen que no es correcto que les pidamos a los ángeles que hagan lo que les pedimos porque tienen cosas más importantes que hacer. Éstas son las mismas personas que creen que nuestro Creador quiere que suframos. Pero cuando les pregunto a Dios y a los ángeles sobre ello, siempre escucho respuestas tranquilizadoras de su amor y disponibilidad ilimitados. Quieren que estemos tranquilos y seamos felices, como cualquier padre amoroso quiere para su hijo.

Es parte del plan de paz de Dios que le pidamos al arcángel Miguel que arregle un aparato doméstico o electrónico. Después de todo, ¿cómo te afecta, y a la gente que te rodea, cuando te enojas porque un aparato no funciona? ¿El mundo no tendría más paz si ese tipo de estrés se redujera o se eliminara? Por eso a Miguel le gusta ayudarnos a todos para que tengamos vidas más armoniosas incluyendo nuestra relación con los aparatos electrónicos, que se han vuelto una parte básica de nuestra vida diaria.

Las siguientes dos historias muestran cómo el arcángel Miguel resucitó dos aparatos electrónicos que cayeron al agua. Si alguna vez has tenido la experiencia de enfrentarte a un aparato ahogado, sabes que por lo general es presagio de su muerte a menos que llames al arcángel Miguel para pedirle ayuda, como LeAnn Harmon:

*Estaba apretada de dinero cuando, por accidente, dejé caer mi celular en una copa de agua. Me encogí de hombros y de inmediato dije: "Arcángel Miguel, por favor, arregla mi teléfono. No puedo comprar uno nuevo. Te agradecería mucho si lo hicieras".*

*Intenté prender el teléfono, pero no, así que llamé por teléfono a la compañía de servicio inalámbrico. Cuando le pregunté al representante si el teléfono volvería a funcionar, el tipo se rió y me ofreció un buen plan para adquirir uno nuevo. Pero necesitaba que el mío funcionara o perdería todos los números grabados.*

*Tenía la sensación intuitiva de que debía insistir y conectar el teléfono al cargador, como lo hago todas las noches. A la mañana siguiente me levanté, ¡y el teléfono funcionaba perfecto! Sé que debo agradecérselo al arcángel Miguel, ¡y todo lo que salió bien ese día!*

Como en el caso de LeAnn, el siguiente relato muestra cómo Miguel rescató un aparato electrónico ahogado. Cuando el hijo de Ana Cristina Brazeta saltó a la alberca con su iPod, todos lo dieron por perdido; todos, excepto Ana, quien tuvo fe para pedir la ayuda de Miguel. Esta historia es otro ejemplo de cómo Miguel ayudó porque las emociones de la gente estaban involucradas, no por deseos materiales:

*Pedro, mi hijo de 15 años, saltó a la alberca con su iPod nuevo en el bolsillo. Naturalmente, se mojó y ya no funcionó. Tenía la pantalla llena de vapor de agua.*

*Pedro estaba preocupado y triste, y quiso secarle el agua con una secadora de cabello. Pero ya no había nada más que hacer, porque no pudimos abrir el reproductor de música portátil para secarlo por dentro.*

*Le recordé a Pedro la existencia del arcángel Miguel, que es estupendo para arreglar aparatos eléctricos. También le conté una de las historias de Doreen en la que Miguel eliminó el virus de la computadora de una pareja, y al hacerlo, volvió a funcionar. Le expliqué lo poderoso que es y de su disposición para ayudar a todos siempre y cuando pidamos su ayuda y tengamos fe en que nos responderá. Le dije que no había imposibles para Miguel. Le sugerí a Pedro que le pidiera al arcángel que arreglara su iPod.*

*Pedro se dirigió a su recámara mientras yo, también, le pedía a Miguel que ayudara a mi hijo y respondiera su plegaria de arreglar y restaurar el aparato mojado. Cuando Pedro bajó, una hora después, estaba feliz, despreocupado y me enseñó su iPod, que trabajaba perfecto, como antes del accidente, y ya no había humedad en la pantalla. ¡Estaba como nueva! Le pregunté a Pedro si había pedido la ayuda del arcángel y movió la cabeza afirmativamente.*

*Hasta hoy, el iPod de mi hijo está en perfecto estado, y estoy segura que así continuará. Ahora Pedro cree en el poder del reino de los ángeles y no me mira con escepticismo cuando hablo de los ángeles, como acostumbraba hacerlo antes del incidente. Los dos agradecimos a Miguel por su intervención Divina, y nos encanta compartir esta historia con nuestra familia y amigos.*

Igual que Ana, Belinda Morby le pidió al arcángel Miguel que ayudar a *su* hijo. Fíjate cómo la intervención de Miguel incrementó la fe de Belinda, un resultado sagrado de la asistencia de los ángeles:

*Joe, mi hijo de diez años, estaba enojado porque todos sus aparatos electrónicos favoritos se ha-*

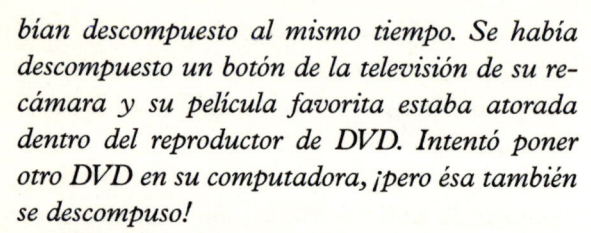

*bían descompuesto al mismo tiempo. Se había descompuesto un botón de la televisión de su recámara y su película favorita estaba atorada dentro del reproductor de DVD. Intentó poner otro DVD en su computadora, ¡pero ésa también se descompuso!*

*Joe estaba muy enojado, así que me dirigí a mi recámara a pedirle al arcángel Miguel que por favor arreglara su computadora. ¡A la mañana siguiente, funcionaba perfecto! Animada por ese logro, le pedí a Miguel que arreglara la televisión. Lo cierto es que tenía mis dudas porque el botón estaba roto. Pero mi incertidumbre no detuvo al arcángel, ¡y la televisión volvió a funcionar!*

*Le dije a Miguel: "Gracias ¡muchas gracias!", no sólo por arreglar la computadora y la televisión, ¡también por aumentar mi fe a la décima potencia!*

Si alguna vez te has enfrentado a una computadora lenta, entonces entenderás la frustración que sintió Kathleen Buchana en la siguiente historia. Comenta:

*Mi computadora es vieja y a veces se vuelve lenta o se pasma, así que llamo al arcángel Miguel para que me ayude y digo: "¡Gracias, gracias, gracias, Miguel!". ¡Siempre funciona!*

Después de invocar a Miguel muchas veces para que me ayude con mi computadora, sin duda me identifico

*El arcángel Sr. arregla todo* 139

con la historia de Kathleen, igual que con la siguiente de Armida Miranda:

> *Trabajo desde mi casa, y un día que me conecto para revisar mi correo electrónico, la pantalla de mi computadora era un desastre. La apagué, la reinicié, pero nada. Lo hice un par de veces, y empecé a correr los programas de antivirus y antispyware. Intenté todo lo que se me ocurrió. Había rayas negras y azules en la pantalla. No sabía qué más hacer.*
>
> *Dejé un mensaje en el correo de voz de un amigo que arregla computadoras. También llamé varias veces a Dell, el fabricante, para pedir soporte técnico, pero siempre me dejaban esperando y mi llamada terminaba cortándose.*
>
> *Aunque lo intenté todo, las cosas seguían iguales. Pero había olvidado hacer lo más importante, pedir ayuda a mis ángeles. Entonces, apagué la computadora, fui a la otra habitación y le pedí ayuda al arcángel Miguel. Le solicité que hiciera lo que pudiera, grande o pequeño, para arreglar mi computadora. Me sentí contenta después de rezar, porque sabía que Miguel iba a ayudarme.*
>
> *En la mañana, prendo la computadora como si fuera un día normal y, ¿adivina qué?, lo fue. El arcángel Miguel estuvo allí y me recordó que lo único que tenía que hacer era pedir. Es tan cierto y tan increíble, que yo simplemente aprecio y adoro toda su ayuda.*

Miguel está disponible para nosotros sin importar en qué parte del mundo nos encontremos, como nos recuerda la siguiente historia de una mujer de nombre Shanttelle. Describe cómo se salvaron sus vacaciones cuando el arcángel arregló su cámara:

> *Había ido a pasar el día a Sydney y al día siguiente tenía que regresar a Perth, donde vivo y trabajo. Estaba ansiosa por ver lugares de interés y tomar fotos para compartirlas con mis amigos y familiares.*
>
> *Me subí al monorriel de Sydney y decidí tomar fotos desde las alturas. Apreté el botón de encendido de la cámara, ¡pero no prendió! Esperé y volví a intentarlo y nada. Acababa de ponerle baterías nuevas, así que no podía creerlo.*
>
> *Lo único que se me ocurrió fue llamar al arcángel Miguel para pedirle que me ayudara para que la cámara funcionara y pudiera tomar todas las fotos que quisiera ese día. Volví a prenderla, ¡y esta vez funcionó! Pude tomar muchas fotografías, sobre todo del hermoso Jardín chino. ¡Gracias, arcángel Miguel!*

Aunque algunas personas piensan que invocar a los ángeles para reparar aparatos eléctricos es banal, cada relato demuestra que la intervención de Miguel trae paz y elimina el estrés. En la siguiente historia de una estudiante de nombre Asfiya Habib, la reparación de Miguel también salvó el curso escolar:

*Estoy haciendo mi doctorado en farmacéutica, asistiendo a una escuela que transmite conferencias en vivo de profesores de universidades lejanas. Las conferencias se transmiten a través de líneas telefónicas a siete escuelas remotas en toda Florida.*

*Una noche, hubo problemas técnicos y la escuela trabajaba para que todos nos conectáramos. Pero 30 minutos después, empezó a preocuparme que mi recorrido de 75 minutos a clase fuera en vano.*

*Así que le pedí al arcángel Miguel: "Por favor, no permitas que esta noche se desperdicie. Por favor, ayuda a los técnicos para que nos conecten".*

*Cinco minutos después, estábamos conectados, igual que todas las escuelas. Pasó muy poco tiempo después de mi oración, y todo fue obra del arcángel Miguel.*

Aunque la siguiente historia de Kevin Stewart pueda parecerles muy trivial a muchos, me parece que es un ejemplo adorable de cómo el arcángel Miguel lucha por aliviar el estrés diario:

*Una noche, intentaba poner un DVD, pero se congeló y todo el sistema se bloqueó. Se recuperaba para sacar el DVD o apretar "play", pero después volvía a bloquearse. La maquina empeoraba conforme yo trataba de echarla a andar y mi pareja también empezó a picarle botones. En un momento, recordé que Doreen había mencionado que el arcángel Miguel es mecánico, así que le pedí que por favor me arreglara la máquina. Lo hizo, funcionó de inmediato, como si nunca hubiera habido problemas. Y sigue funcionando.*

El relato de Kevin simplemente me encanta, ya que demuestra que no importa qué tan avanzada esté la tecnología, los ángeles van un paso adelante de nosotros.

## Reparaciones domésticas

Nuestras casas nos ofrecen mucho más que un refugio, nos resguardan de las cosas externas que nos causan estrés, es decir, a menos que algo estresante suceda *dentro* de la casa, como problemas con la plomería, la electricidad o la calefacción. Entonces es momento de llamar al experto, y no hay nadie mejor que el arcángel Miguel.

Para aquellos que no tienen prejuicios, es divertido imaginarse a Miguel con su gorra y su uniforme llegando a tu casa en una camioneta del cielo con un equipo de herramientas celestiales. Es obvio que resuelve nuestros problemas domésticos por amor. Su servicio es un regalo para nosotros de su parte, y su recompensa es nuestra paz, alegría y felicidad. (Claro, no hace daño agradecerle cuando termina su trabajo).

## El arcángel Sr. arregla todo

Cuando Cory Silvestry y su esposo le pidieron al arcángel Miguel que los ayudara con la plomería, los resultados fueron instantáneos:

*Estaba escuchando uno de los programas de Doreen repetidos en el radio, en el que hablaba de la capacidad del arcángel Miguel para reparar cosas, entre ellas computadoras y tuberías. Bueno, Jimmy, mi esposo, tenía una semana trabajando en la plomería de nuestra recámara principal. Era una pequeña frustración tras otra, sentía cómo se irritaba cada vez más.*

*Entonces, le pedí a Miguel que ayudara a Jimmy con su último problema, el lavamanos del lado izquierdo del baño. Media hora después, mi esposo anunció: "¡Ya está arreglado!". Me reí y lo felicité por su estupendo trabajo.*

*Pero unos minutos más tarde, regresó a la habitación completamente consternado y me dijo:*

*—Ahora gotea el lavamanos del lado derecho.*

*—Hice memoria y me di cuenta de que fui muy específica al pedirle a Miguel que reparara el lavamanos izquierdo. Así que le pedí que también arreglara el del lado derecho.*

*Mi esposo estaba demasiado cansado para seguir trabajando en el lavamanos esa noche. Pero cuando lo revisó al día siguiente, ¡descubrió que funcionaba! Jimmy me preguntó si yo lo había reparado, a lo que contesté:*

> —No precisamente. —*Y le conté la historia de que el arcángel Miguel arregló ambos lavamanos.*
>
> *¡Mi esposo y yo compartimos la belleza de la intervención del arcángel Miguel!*

Quizá lo que motivó a Miguel a ayudar a Cory fue unirla más a su esposo a través de su experiencia mutua con los ángeles. Sin duda, esa intervención Divina cambia la vida de manera positiva. Así que vivirla con la pareja es especialmente sana para el matrimonio, ya que su crecimiento espiritual tiene como base la fe en los milagros.

De la misma forma, Miguel ayudó a Tracy Griffith a disfrutar un poco más de sus mañanas, arreglándole el piloto del gas:

> *Vivimos en una casa muy vieja, y durante todo el invierno el piloto del gas del calentador se apagaba después de 30 minutos. Como es un aparato viejo, hacía mucho ruido cuando el piloto estaba calentándose, así que lo apagábamos en las noches antes de dormir. Y volver a encenderlo en la mañana era muy frustrante.*
>
> *¡Por fin, recordé que era un trabajo para el arcángel Miguel! Así que lo llamé en voz alta: "Por favor, ayúdame a encender el piloto y a conservarlo así hasta que lo apague en la noche".*

*Desde entonces, el piloto se queda encendido hasta que lo apago, y si tengo problemas para prenderlo, llamo a Miguel, y* violà!

Aunque la siguiente historia de una mujer de nombre Kathy es técnicamente un asunto doméstico, Miguel reparó la cerradura de la puerta. Decidí incluirla en esta sección porque es un estupendo recordatorio de que el arcángel nos ayuda en casa y en una "casa lejos de casa":

*Mi esposo y yo nos fuimos de vacaciones a principios de año. El vuelo de regreso salía en la noche, así que teníamos todo el día para disfrutar el sol. Después de pasarla estupendamente, decidimos volver a la habitación y prepararnos para pagar la cuenta y tomar el autobús al aeropuerto.*

*¡Y cuando llegamos al hotel la llave no funcionaba! Lo intentamos una y otra vez, pero no pudimos entrar al cuarto. Cuando la persona de servicio llegó, dijo que el problema no era nuestra llave, sino el lector de la tarjeta. Dijo que volvería con sus herramientas.*

*En cuanto se fue, otra pareja nos dijo que su cerradura se había descompuesto el día anterior y tardaron tres horas en arreglarla. Yo estaba muy enojada y nerviosa porque sólo teníamos 45 minutos para empacar, pagar la cuenta y tomar el autobús. Mi esposo buscó si las ventanas o la puerta corrediza estaban abiertas, pero no tuvo suerte.*

*Entonces, cerré los ojos y le pedía a Miguel que por favor nos ayudara a abrir la puerta. Volví a probar la llave, pero seguía sin funcionar. Mi esposo se fue otra vez y yo cerré los ojos y pedí de nuevo. Nada. En este momento, me embargaban muchas emociones, y estaba triste porque nadie escuchaba mis plegarias de ayuda. Dije en mi mente:* ¡Arcángel Miguel, abre esta puerta ya!

*En cuanto terminé de pensarlo, ¡mi esposo abrió la puerta corrediza! Cuando la revisó otra vez, el seguro se botó y abrió. Él comentó que era curioso, pero mi corazón sabía que el arcángel Miguel escuchó mi llamado y vino a rescatarnos. Todo el camino de regreso a casa tuve una maravillosa sensación en mi corazón, porque sabía que los ángeles estaban con nosotros, listos para ayudar.*

## Y entonces en esos momentos...

De vez en cuando, Miguel no repara el auto, el fax u otro objeto como se lo pedimos. En esos casos, siempre descubro que nos protege. Por ejemplo, una mujer intenta mandar un correo electrónico que exalta los ánimos a un compañero de trabajo, pero la conexión a Internet falla de repente. O no enciende el automóvil de un hombre que va a manejar ebrio.

## El arcángel Sr. arregla todo

A veces, el arcángel descompone las cosas a propósito (temporalmente, por supuesto) para darnos pausa para que nuestras acciones sean más sanas y seguras. En otras ocasiones, retrasa la reparación para protegernos, como comprobó Claire Jennings:

*Vendo libros en exposiciones, ferias y mercados. Una vez, un festival del libro me ofreció un espacio para un puesto de ventas. Pero me preocupaba que me viera ridícula vendiendo libros nuevos cuando todo el mundo ofrece de segunda mano, antiguos y raros. Así que me dio pánico y decidí que no podía asistir, aunque la invitación llegó de manera sincronizada y mágica.*

*Rápido escribí un correo electrónico avisando que no podía participar en la feria del libro, ¡pero a la mitad, la computadora se congeló! Logré que volviera a funcionar y seguí escribiendo, pero volvió a congelarse. Lo intenté una tercera vez, con los mismos resultados. En esta ocasión, ni siquiera pude apagar la máquina.*

*Empecé a llorar y a gritar: "¡Está bien, arcángel Miguel, ya entendí!". Yo sabía que él estaba detrás de lo que le pasaba a mi computadora, ya que me guió a vender libros en la feria del libro. Así que le pedí: "Por favor, arregla la computadora porque la necesito". Y me salí de la habitación para calmarme.*

*Cuando regresé unos minutos más tarde, la computadora estaba bien y no fue necesario rei-*

*niciarla, ni nada. También había una pluma grande, suave y sedosa junto a ella que no estaba antes, y yo sabía que era del arcángel Miguel. ¡La feria estuvo muy divertida y vendí más de 1500 dólares en libros!*

⚜ ⚜ ⚜

Todas las imágenes de Miguel que lo representan sosteniendo una espada y parado sobre una bestia, son ilustraciones del arcángel conquistando al infame miedo. Quizá él brilla a su máximo esplendor cuando se trata de iluminar al mundo con amor y paz, erradicando miedos, fobias y negatividad, como veremos en el siguiente capítulo.

## Capítulo 7

# Miguel elimina miedos fobias y negatividad

SI ALGUNA vez sientes miedo, el arcángel Miguel puede ayudarte. Brinda protección y seguridad, infunde confianza y elimina la fuente del miedo. Eso es porque el mejor antídoto para esta emoción negativa es espiritual, como leerás en este capítulo.

Es una buena idea que invoques a Miguel en el momento que sientas miedo. También pídele que ayude a tus hijos o a tus seres queridos, como Maria Beaudoin lo hizo por su hijo:

*¡Mi bebé de diez meses es la alegría y la maravilla de mi vida! No sabía que la maternidad podría ser tan buena. Una mañana, un fuerte*

*ruido en la calle lo despertó abruptamente y empezó a llorar. Sabía que se había alterado, ya que generalmente duerme muy bien y se despierta tarde.*

*Les pedí a los ángeles que lo tranquilizaran para que volviera a dormirse, pero no paraba de llorar. Por fin, invoqué al arcángel Miguel (a quien llamo el "arcángel solucionador de problemas") para que lo ayudara a calmarse. Ni siquiera habían pasado dos segundos de haber terminado mi oración, cuando mi hijo guardó silencio de repente y retomó un sueño sereno y reparador. ¡Gracias, Miguel!*

A veces, los miedos se vuelven tan paralizantes, que las fobias dictan nuestro comportamiento. Pero no importa cuál sea el miedo o la fobia, Miguel brinda agradable alivio, como comparte Ruth Vejar Ahlroth:

*Me inscribí para tomar un taller en Los Ángeles. Ésa fue la parte sencilla; la complicada es que me daba terror ir manejando sola. Verás, tengo 65 años, y mi esposo y mi hija siempre me llevan cuando necesito recorrer grandes distancias, lo que para mí es cualquier recorrido de más de 45 kilómetros.*

*Bueno, ni mi esposo, ni mi hija podían llevarme al taller, así que pensé que era mejor cancelarlo. Pero el día que planeaba hacerlo, estaba en una librería y tomé el libro* **Arcángeles y** *maestros ascendidos, de Doreen. Lo abrí en el capítulo del arcángel Miguel y leí que puede invocársele para que disipe el miedo. Pensé: Bueno, ¿qué tengo que perder?*

*El taller era al día siguiente. Me subí al auto, con el corazón latiendo a mil, e inicié el recorrido. Le dije a Miguel: "Muy bien, estamos juntos en esto. Estoy muerta de miedo. Por favor, ven y acompáñame al taller, y aleja mi miedo". Sentí la presencia del arcángel conmigo durante todo el viaje a Los Ángeles, y éste resultó seguro y cómodo. Hoy puedo ir manejando casi a todas partes. ¡Qué libertad!*

El arcángel Miguel sana fobias, dándonos confianza y valor, y brindándonos protección y seguridad. Desaparece toda clase de miedos, como comprobó una mujer de nombre Bárbara:

*Siempre me ha dado miedo el viento. Así que cada vez que el clima se vuelve ventoso, tomo mis cobertores y mis almohadas y me bajo al otro piso de la casa, donde duermo en el suelo. De esta manera, estaba en el punto de la casa más lejano al viento. Pero esas noches nunca lograba dormir.*

*Sin embargo, todo eso cambió cuando mi prima, que es Practicante de Terapia con Ángeles me presentó al arcángel Miguel. Me enseñó a llamarlo para pedirle protección.*

*Así que cuando se pronosticaron los siguientes vendavales, cerré los ojos y le pedí al arcángel Miguel que calmara la tormenta y me mantuviera a salvo en mi casa. También le pedí que se llevara mi miedo. Le agradecí por su tiempo y su ayuda, y luego de unos minutos de rezar en silencio, puse fin a mi conversación con él.*

*El clima se volvió horrible y el viento sopló, así que empecé a sentir un poco de miedo. No obstante, cuando me metí a la cama, fue como si hubiera entrado a un mundo diferente, ése que había pedido, protegida por el poderoso arcángel Miguel. Parecía que mi recámara estaba protegida contra el viento. Afuera, el aire bramaba, pero mi habitación era un oasis de paz. La sensación de calma era tan maravillosa, que sólo pude llorar y agradecerle a Miguel por la protección que me brindaba esa noche.*

*Ya no le tengo miedo al viento como antes, pero respeto las fuerzas de la naturaleza. Y tampoco doy por hecho mi seguridad. Si el meteorólogo pronostica tormentas, sigo pidiéndole protección a Miguel y se la agradezco por adelantado.*

Aquellas personas que invocan a Miguel informan que sus miedos y sus fobias desaparecen al instante. Como lo vivió Alexandra Laura Payne, los miedos por lo general son reemplazados por maravillosos sentimientos de paz:

## Miguel elimina miedos, fobias y negatividad

*Les tengo un temor particularmente irracional e intenso a las arañas. Una noche, tuve un sueño muy real e inquietante en el que me perseguía una araña. Me desperté de manera abrupta y de inmediato entré en un estado de paranoia, pensando que había arañas acechando en los rincones de mi recámara. En silencio, llamé al arcángel Miguel para que me ayudara, y en el instante sentí su fuerte y reconfortante presencia junto a mí. Sentí que me decía que no tenía de qué preocuparme, y hasta vi que me cubrió con una capa azul índigo, como si fuera un cobertor.*

*Ya antes había sentido los poderes protectores de Miguel, pero ¡me sorprendió el efecto instantáneo de éste! En un segundo, desaparecieron todos mis miedos, que fueron reemplazados por una tranquilizadora paz interna. Le agradecí a Miguel, y recuerdo que vi una reconfortante sonrisa en su rostro antes de caer en un profundo y tranquilo sueño el resto de la noche.*

Hace muchos años, cuando daba sesiones de psicoterapia, dedicaba mucho tiempo a ayudar a gente que tenía fobia a viajar en aviones. Incluso tuve una sesión con un periodista de una cadena de televisión de Nashville, Tennessee. Lo comento porque, después de trabajar con muchos pasajeros de avión nerviosos y fóbicos, hoy manejo la situación de manera completamente diferente. Antes usaba hipnoterapia, hoy confío en el poder sanador de Dios y los ángeles.

Una mujer de nombre Cristal Marie descubrió que el arcángel Miguel *la* calmó en un vuelo. Fíjate cómo reconoció la ayuda de Miguel gracias a su distintiva energía cálida:

*Me daba mucho miedo volar en aviones. En cada viaje, empezaba a temblar, la boca se me secaba, me ponía pálida y me sentía ansiosa.*

*Invoqué ángeles y hadas para que acudieran a mi lado y me dieran paz y valor para enfrentar la situación. Con su ayuda, sin duda me calmaba mucho en los viajes, pero cuando el avión se movía un poco, me abandonaba toda la serenidad. Volvía a sentir miedo, rechazaba la idea de recibir ayuda y terminaba por creer que los ángeles y las hadas no estaban allí. Sentía desesperación, soledad y que nadie me ayudaría si el avión se caía. ¡Era horrible!*

*Pero eso cambió gracias al arcángel Miguel. Sucedió en un vuelo de Nueva York a Santo Domingo cuando pasamos por una turbulencia tan fuerte, que los asistentes de vuelo tuvieron que sentarse, ¡y una de ellas estalló en llanto! El avión experimentaba tantas caídas libres, que el piloto dijo que quizá tendríamos que aterrizar de emergencia en Cuba.*

*Mientras estaba allí sentada, contemplando mi muerte, invoqué al arcángel Miguel para que me protegiera. Supongo que estaba tan vulnerable, que por fin lo escuché con claridad. Hizo que entendiera que no me daba tanto miedo que el avión se estrellara, sino perder el control de todo y de todos en mi vida.*

*Me mostró que tenía el mismo miedo al control en mi casa, en el trabajo y en mis relaciones. Me había convertido en una mujer paranoica que no confiaba en nadie, ni siquiera en los que sabía que me amaban. Todas mis relaciones sufrían por el temor de dejar entrar a la gente.*

*Justo entonces, resolví sanar esa situación. El miedo había controlado mi vida durante mucho tiempo. Le entregué la situación entera a Dios y a los ángeles, pero no solté el miedo a perder el control. De modo que aunque por fin entendí mi ansiedad, me sentía atorada e incapaz de sanar.*

*Irónicamente, otra turbulencia hizo que me abrazara a mis rodillas (por así decirlo) para poder sanar a través de la humildad. El avión volaba en una tormenta eléctrica que provocó un nuevo nivel de miedo en mí. Por fin tuve la humildad suficiente para pedirle al arcángel Miguel que me ayudara a liberarme de mis miedos.*

*En dos segundos, sentí una calma repentina. El avión seguía moviéndose, pero no sentía absolutamente nada de miedo. ¡Hasta me avergoncé por tener miedo!*

*Cuando aterrizamos, el piloto dijo que estaba muy sorprendido por lo tranquila que había sido nuestra llegada. Pudo haber sido mucho peor, y la duración de la turbulencia fue la mitad de lo estimado. Pareció que una densa niebla se levantó del aeropuerto cuando aterrizamos, y casi en cuanto tocamos el suelo, volvió a envolver a la ciudad a tal grado, que todos los vuelos de ese día se cancelaron.*

*Sé que el arcángel Miguel estuvo allí porque sentí que el calor me envolvía. Fue ese calor el que me dio valor, me hizo reír y me dio más fuerza. Consideré que era un milagro.*

*Todavía me pongo un poco nerviosa en los aviones, pero sé que en su mayoría es por mi memoria de miedo. Gracias al arcángel Miguel, jamás he vuelto a tener tanto miedo. No sólo eliminó mis temores y relajó el vuelo que hubiera sido el más traumático de mi vida, sino que también me sanó del resentimiento. Se llevó mi antigua renuencia a perdonar.*

*Desde entonces, todo ha encontrado su lugar. Hoy mi vida es completamente diferente y tengo cientos de amigos nuevos, pero también he logrado conservar a los antiguos. Tengo un nuevo empleo que cada vez se pone mejor, e irónicamente, mi trabajo depende de mi capacidad para confiar en la gente que está a mi cargo.*

*Podría seguir y seguir hablando de las varias cosas que han cambiado positivamente y las muchas veces que le he pedido al arcángel Miguel que sane una situación y he recibido resultados milagrosos, pero creo que ésta es una de las más importantes, sino es que la más importante.*

A veces, el miedo y la ansiedad son tan sobrecogedores, que producen efectos físicos como falta de respiración y taquicardias. Este estado, conocido como ataque de pánico, puede ser sanado por Miguel, como recuerda Jane Turner:

*Tuve mi primer ataque de pánico grave hace cinco años en la casa de mis padres después de un viaje de compras. Literalmente, me quedé pegada al piso sin poder moverme. Mis dos hijas pequeñas estaban aterradas. Rápido, mi mamá llamó una ambulancia y pasé varias horas en el hospital. El personal médico nos explicó a detalle qué son los ataques de pánico y cómo pueden evitarse.*

*Dos semanas después, iba manejando a casa de mis padres. Antes de salir, le pedí mentalmente al arcángel Miguel que me acompañara en el viaje de 90 kilómetros, ya que había leído que una de sus tareas es dar fe y valor.*

*A medio camino, volvió a surgir el maldito pánico. Puse música y comencé a cantar a todo pulmón, pero aún sentía cómo me cerraba y me recorría el terror. Con lágrimas, dije en voz alta y con mucha fuerza: "¡Miguel, ayúdame, por favor!".*

*En segundos, me sentí más tranquila y en poco tiempo me reía fuerte porque tuve una visión de ese poderoso ángel, con espada y escudo en mano, parado en el techo de mi auto, disfrutando el viaje, ¡con el cabello volándole al vien-*

*to! Allí se quedó el resto del camino y canté con él y con todos los ángeles que iban con nosotros. Sentía como si una legión me acompañara, y estaba maravillosamente tranquila y feliz.*

*Por suerte, un ataque de pánico ya es muy raro en mí, pero sigo pidiéndole a Miguel que me acompañe en los viajes largos ¡y sé que lo hace!*

## Aspirando los miedos para alejarlos

Un día de 1995 que estaba rezando, meditando y hablando con el arcángel Miguel, tuve una visión de él sosteniendo una aspiradora portátil. Puso la manguera sobre mi cabeza y succionó el miedo de mi cuerpo, como una versión espiritual de la liposucción. Mi cuerpo temblaba mientras el arcángel sacaba la energía negativa que había absorbido de mis pensamientos y de los pensamientos de los demás. Cuando terminó, me sentí ligera, más contenta y más libre.

Empecé a pedirle a Miguel que "aspirara" a mis clientes y en 1996, comencé a hablarle a la gente sobre estos métodos de aspirado.

Desde entonces, sé que el aspirado del arcángel Miguel es un antídoto rápido y eficaz para las influencias negativas y dañinas. Esta técnica funciona muy bien con los adolescentes, en especial para calmar a los que se comportan agresivos.

Gladys E. Alicea fue introducida al aspirado por una graduada de mi programa Practicante de Terapia con Ángeles (PTA):

## Miguel elimina miedos, fobias y negatividad

*Tenía muchos miedos y fobias, así que acudí con una PTA, quien me presentó al arcángel Miguel. En esa época, todo me daba mucho miedo, y las fobias me controlaban. En especial, me daba miedo la oscuridad de la noche y continuamente me preocupaba el que algo muy malo le pasara a mi cuerpo físico. No tenía ni idea de dónde provenía este miedo, ya que no había vivido nada que desencadenara esas fobias. También me daba miedo que, debido a mi angustia, atrajera y manifestara una terrible tragedia.*

*Por el otro lado, tenía un enorme deseo de ayudar a sanar el mundo, pero siempre me sentía bloqueada. Llegué con la PTA consternada y angustiada. Ella le pidió al arcángel Miguel que me aspirara, y salí sintiéndome una persona nueva.*

*¡Eso cambió la manera como me sentía y actuaba, y hasta mi apariencia! Poco después de la sesión, vi a una querida amiga que me dijo que notaba algo diferente en mí y preguntó si había perdido peso. Sabía que lo que veía era la paz que reflejaba.*

*Desaparecieron casi todos mis miedos. Cada vez que me sorprendo con pensamientos producto de la ansiedad, le pido a Miguel que me guíe, y de inmediato me siento mejor. Casi todas mis antiguas fobias a la oscuridad se han ido.*

*Desde que el arcángel Miguel eliminó esos bloqueos y me abrí a él, hay mucha alegría en mi vida. Volví a ponerme en contacto con amigos que había perdido, y la relación con mi novio se fortaleció aún más. ¡Es maravilloso! El arcángel Miguel es un verdadero regalo de Dios. Espero lo que el futuro me tiene reservado, ¡sin miedo!*

En caso de que pienses que necesitas la ayuda profesional que recibió Gladys, el siguiente relato de Gillian Leahy es una muestra de que Miguel brinda toda la ayuda necesaria, sólo tienes que pedírsela:

*Invoqué al arcángel Miguel para pedirle ayuda una noche que me sentía muy triste por las cosas que habían sucedido en el pasado. Ya no sabía quién era y tenía preguntas que nadie podía contestar. Esa noche, acostada en la cama, pensando en todo lo que había pasado en mi vida, por fin le pedí a Miguel que me ayudara con mis emociones.*

*La habitación estaba oscura, pero de repente vi "energía", no hay otra forma de describirla. Sentí que alguien me daba un fuerte y cálido abrazo, y mi corazón simplemente se abrió. Con mi tercer ojo, vi a Miguel y a su Banda de la Piedad de ángeles ayudantes alejando la oscuridad de mí. Era como si se fuera de mi cuerpo. La visión fue tan clara, como si estuviera viéndolos físicamente. Los ángeles se acercaron, desaparecieron un momento y luego volaron hacia el cie-*

*Miguel elimina miedos, fobias y negatividad*

*lo. Tuve la sensación de que me llenaron con luz y todo acabó.*

*A la mañana siguiente, me desperté con mucha energía, y le conté a mi esposo de la sanación que recibí. Al principio, se rió, hasta que se dio cuenta de que hablaba muy en serio. Desde esa noche, he intentado el corte de cordones etéreos con estupendos resultados. Hasta puedo ver que todos los cordones salen de su espalda.*

*Cada vez que me siento triste, llamo a Miguel. Sé que siempre que está allí porque siento su calor en mi corazón.*

También puedes pedirle a Miguel que aspire casas, oficinas y a otras personas (sobre todo niños, como ya lo mencioné), como ilustra la siguiente historia de Robin Ramos:

*Cuando leí el libro* El cuidado y la alimentación de los niños Índigo, *de Doreen, conocí los beneficios de trabajar con el arcángel Miguel. Me enamoré de la técnica de aspirado que describe en el libro. ¡La leí un par de veces, casi hasta memorizarla de cabo a rabo! Aspiraba la habitación de mis hijos y seguía con toda la casa. Hasta compré una hermosa placa de cerámica con la imagen de Miguel y la colgué frente a la recámara de mis hijos.*

*Me he vuelto muy buena para visualizar, y cuando uso esta técnica, de inmediato veo con mi tercer ojo una resplandeciente luz azul. Juro que a veces también siento que me envuelve una fuerte energía positiva. Invité a Miguel para que se quedara con mi familia para siempre, como sugirió Doreen, y cuando pienso en él siento su presencia.*

*Al instante, me di cuenta de que mi hijo Zack duerme mejor y tiene más energía cuando aspiro su recámara e incluyo mis oraciones de ayuda y agradecimiento a Miguel. Mi hijo Tyler percibe todos los sonidos de su cuarto, tanto que hasta lo mantienen despierto. Presintiendo que se sentía inseguro, hice la invitación para que Miguel se quedara con nosotros y en esa recámara. Los resultados fueron inmediatos y maravillosos: Tyler dejó de escuchar ruidos que no lo dejaban dormir. Hace cinco años ya que conocí al arcángel Miguel, y agradezco su presencia permanente.*

*También le he pedido a Miguel que vaya con mis hijos a la escuela. De vez en cuando, si Zack empieza a sentirse muy sensible y agredido, pido al arcángel que se quede con él, y siempre vuelve a casa con menos quejas y molestias. Los días que olvido llamar a Miguel para que acompañe a mi hijo, se nota la diferencia de cómo actúa Zack cuando llega a casa de la escuela.*

*Mi vida se ha enriquecido mucho más y ha recibido más bendiciones como resultado de invocar a Miguel y a los demás ángeles y guías. Es tan fácil hacerlo, y las consecuencias no lastiman a nadie, todo lo contrario, el resultado es una vida más tranquila, positiva y bendita.*

Puedes aspirarte solo, a tus seres queridos y a tu casa, pidiéndoles a Miguel y a los ángeles que lo ayudan que se encarguen de ello. Solicítale que limpie las energías bajas, el miedo y las entidades negativas o que están atadas a esta tierra, o cualquier cosa que sea tóxica. También pídele que aspire el miedo o la oscuridad de cualquier persona que tenga relación contigo (al grado que afecte *tu* libre albedrío). En el momento en que pides su ayuda, está resuelto.

## Corta cordones de miedo

Aprendí el siguiente método observando al arcángel Miguel en mis sesiones de sanación. Siempre que le pido que ayude a mis pacientes a recuperarse del miedo que debilita, usa su espada para romper con los apegos que salen de sus cuerpos. Los apegos son como tubos transparentes (parecen tubos quirúrgicos).

Después de llevar a cabo muchas sesiones con Miguel y de hacer muchas preguntas, logré entender que esos tubos huecos transportan energía entre mis pacientes y otras personas (y de vez en cuando posesiones materiales, si tienen apegos causados por el miedo a perder dichos objetos).

Los tubos conducen energía entre dos personas. Si alguien tiene un tubo (llamado *cordón etéreo*) pegado a una persona enojada, esa energía viaja a través de él y provoca dolor en la zona del cuerpo a la que está conectado.

A la inversa, si ese cordón o tubo está pegado a una persona con necesidades emocionales, drena la energía del extremo opuesto. El otro individuo se siente exhausto sin saber por qué, y ese cansancio no responde a los reforzadores normales de energía, como el descanso, la cafeína o el ejercicio.

¿Estos cordones siempre son negativos? Sí, porque su origen es el miedo. Cuando una persona tiene una angustia en su relación como ésta: "Espero que no me dejes", se crea un apego como una correa etérea.

Sin embargo, también hay cordones plateados de vida y amor que son sanos y no perjudiciales. Esos no pueden cortarse, porque están construidos con amor eterno.

Los cordones de miedo no tienen que darte vergüenza, son muy normales, sobre todo entre las personas muy sensibles. Como leerás en las siguientes historias, es muy fácil pedirle a Miguel que corte esos cordones cuando te sientas cansado o tengas dolor. Es tan sencillo como que pienses el nombre *Miguel* o le digas: "Por favor, corta todos los cordones de miedo que haya en mí". También puedes solicitarle que mande amor a la gente con la que tenías el apego.

Una mujer llamada Trina, que tenía la ventaja de ser clarividente de nacimiento, ayudó a su hija y le pidió a Miguel que liberara a la chica del miedo:

*Mi hija de 12 años desarrolló un miedo repentino a estar sola en la noche, y se quejaba de que sentía algo "raro" atrás de ella. Insistía en que Seamus, nuestro perro Golden Retriever, se durmiera pegado a ella, o no dormía en toda la noche.*

*Una noche que íbamos juntas en el coche, empezó a retorcerse en el asiento. Se apretujó de tal manera, que su espalda quedara pegada a él. Me di cuenta de que no estaba comportándose como una preadolescente dramática, así que decidí revisar bien y ver qué había.*

*Sé cómo usar mi tercer ojo para escanear e identificar con mi clarividencia cosas de esta naturaleza. ¡Me quedé impresionada cuando vi un cordón enorme pegado a la mitad de su espalda! Llamé al arcángel Miguel y le pedí ayuda para quitarlo, así como una protección que estuviera siempre con ella. Enseguida sentí su energía y vi que el cordón desapareció.*

*Momentos después, la niña pudo sentarse bien y dijo que su espalda se sentía mejor. Le hablé de Miguel y le dije que podía pedir su ayuda si volvía a sentir eso. Gracias al arcángel, mi hija volvió a sentirse segura de noche, lo que, desde luego, a mí también me hace sentir mejor.*

Pero no necesitas ser clarividente para beneficiarte con la ayuda de Miguel. Aunque no veas los cordones, siente sus efectos de cansancio, agotamiento o dolor físico sin una explicación lógica, y luego el alivio cuando son cortados, como muestra la historia de una mujer llamada Tina:

*Tres semanas después de que nació mi bebé, me dio depresión posparto. De cumpleaños, mi esposo me regaló el libro* Sanación con los ángeles, *de Doreen, y acababa de empezar a leerlo. Antes de él, no tenía una verdadera comunicación con los ángeles, y sólo sabía que estaban en la Biblia y que eran los mensajeros de Dios.*

*Llegué a la parte del libro donde sugiere que le pidas ayuda al arcángel Miguel para liberar emociones negativas y depresión. Recuerdo que estaba sentada en el sillón y pensé que podía intentarlo —hubiera hecho lo que fuera para sentirme mejor.*

*Tenía los ojos cerrados cuando de repente tuve la visión de un ángel que baja del cielo sosteniendo una espada, y con ella cortaba los cordones que salían de mí. De momento, me dio mucho miedo porque pensé que estaba cortando mi cordón de vida, porque en ese entonces yo no sabía que los cordones etéreos, ni los apegos a los demás drenaban nuestras emociones.*

*No obstante, esa tarde sentí que me quitaban un enorme peso de encima, y con honestidad digo que liberé mi depresión posparto gracias al arcángel Miguel. Más tarde, cuando empecé a leer más sobre ángeles, descubrí que Miguel porta una espada y se lleva nuestras cargas. Para mí, su sanación fue inmediata y milagrosa. Hoy le pido al arcángel Miguel que me acompañe cada vez que me siento vulnerable y necesito protección.*

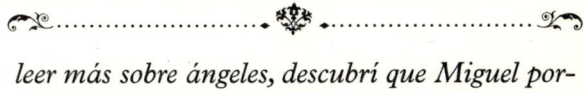

Todos pueden invocar a Miguel y solicitarle que corte los cordones de miedo. Sólo es cuestión de pedírselo. No es importante *cómo* lo hagas, y como descubrió Barbara Urban, también es irrelevante *dónde* estás, él responde a todas las solicitudes de ayuda:

*Metida en la tina de baño, estaba meditando y pensando que realmente me gustaría comunicarme más profundamente con mis ángeles, sobre todo con el arcángel Miguel. Me sentía muy relajada.*

*Le pedí a Miguel que por favor cortara los lazos de miedo y duda, aunque no supiera que existieran. Dije: "Arcángel Miguel, por favor, corta estos lazos para que pueda tener la estupenda experiencia de ver a los ángeles".*

*Había silencio, y yo miraba a los pájaros y los árboles mientras me remojaba en el agua y soñaba despierta. De repente, escuché un fuerte sonido como: "¡Fup!" de mi lado derecho. En la mesa que tenía al lado, se partió una sandía que había puesto allí y su jugo escurría por toda mi terraza.*

*No vi nada, pero de inmediato supe que el arcángel Miguel estaba mandándome una señal sobre el corte de mis lazos de miedo partiendo la sandía con su espada. Salí de un salto de la tina, corrí a la terraza y salté gritando: "¡Gracias! ¡Gracias!".*

*La sandía fue cortada casi completa, quedando a sólo un centímetro de la base; supongo que Miguel no quería que se cayera de la mesa para asegurarse de que yo viera el corte. Estaba muy emocionada. Todo mi ser sabía que era una señal.*

*Me quedé viendo la sandía un rato y descubrí que Miguel estaba diciéndome que ya había cortado mis lazos. No vi a los ángeles, como pedí, ¡pero definitivamente recibí una señal de ellos!*

Me encanta el sentido del que Miguel hizo gala en la historia de Bárbara. Como los cordones son fragmentos de los miedos que tenemos en nuestras relaciones, nublan nuestro sentido del humor y nuestra felicidad. De hecho, los cordones son representaciones metafísicas de rencor e ira acumulada. Como lo enseñan todas las religiones y senderos espirituales, el perdón abre el camino a la felicidad y la verdadera sanación. La historia de David Welch hace hincapié en eso:

*Estaba rezando para encontrar a mi alma gemela, cuando mi mente empezó a pensar en el rencor hacia la gente que me había hecho daño. Una era un amigo de la Florida a quien le sub-*

*Miguel elimina miedos, fobias y negatividad* 169

*arrendé mi departamento cuando la Marina me mandó a Puerto Rico. No pagó la renta, ni los servicios, así que lo echaron. En venganza, destrozó mi casa y nunca se lo perdoné.*

*Le pedí al arcángel Miguel que cortara los malos cordones hacia mi amigo. De inmediato, sentí que se iba un gran peso de encima. La sensación física en mi espalda fue como la de un suave masaje, y sabía que era porque el arcángel Miguel cortó los cordones. Miré por encima de mi hombro derecho y le agradecí por ayudarme a perdonar, y aunque no lo vi, en mi cabeza escuché que me decía:* De nada, David. *Es increíble lo bien que me siento después de haber perdonado. Ahora entiendo por qué ese acto es tan importante.*

Como ilustra la historia de David, pedirle a Miguel que corte tus cordones es una manera estupenda de prepararte para una nueva relación. También es un medio sano de manejar una que está terminando, como lo describe una mujer que se llama Clarity:

*Estaba atravesando por mucha confusión emocional hacia el final de una relación. Sentía mucho dolor y profunda tristeza cuando pensaba en mi examante. Con el tiempo, me di cuenta de que el verdadero problema estaba dentro de mí.*

*Así que le pedí al arcángel Miguel: "Por favor, sé tan amable de cortar los cordones negati-*

*vos que están pegados a mí". Cerré los ojos y recité oraciones con profunda sinceridad porque de verdad deseaba que ese profundo dolor me abandonara.*

*Cuando abrí los ojos, vi chispas de luz de colores frente a mí. No podía creer lo que veía, así que me levanté del cojín y me asomé por la ventana, sospechando que las luces neón del supermercado de enfrente se hubieran reflejado en mi habitación. Pero la tienda estaba cerrada.*

*Al instante sentí que era la presencia del arcángel Miguel. Recuerdo que había leído en un libro de Doreen que las luces de colores son las auras de los arcángeles y los maestros ascendidos.*

*Me da mucho gusto decir que después tuve una sensación de mucha paz en mi interior, y ya no sufría a causa de ningún resentimiento y dolor no deseado. Confío y creo en la presencia del arcángel Miguel y los demás seres Celestiales. ¡Gracias, Miguel y mis adorados ángeles!*

Miguel responde de inmediato a las llamadas de ayuda, a pesar de cómo se soliciten. La siguiente historia de una mujer de nombre Chrissie demuestra que responde a las oraciones de protección, cortando cordones durante la hora del sueño:

*Cuando molestaban en la escuela a mi pequeño hijo Jamie, soñé que el arcángel Miguel venía a visitarlo con su espada. Había una cuerda larga*

> *con el nombre de mi hijo en un extremo y el del niño que lo molestaba en el otro. Entonces, Miguel tomaba su espada y cortaba la cuerda a la mitad. Poco después de su sueño, Jamie pudo manejar el acoso, ¡y éste se terminó!*

Estoy segura de que Miguel entra a nuestros sueños de maneras similares. Es posible que no los recordemos, pero disfrutamos sus efectos, como lo hizo el hijo de Chrissie cuando el niño que lo molestaba lo dejó en paz.

## Limpia tu casa o tu oficina de negatividad

Como la misión y la tarea principal del arcángel Miguel son erradicar el miedo de la gente, los lugares y el mundo entero, es muy bueno para limpiar la energía de tu casa u oficina. Miguel se lleva a los espíritus que vagan y la negatividad, invoca a los ángeles Divinos y protege el área de intrusiones.

Es una buena idea que le pidas al arcángel Miguel que limpie la energía del lugar donde pasas más tiempo. Como leerás en los relatos de esta sección, limpiar las energías produce profundos efectos positivos. Lo único que tienes que hacer es pedir.

Mucha gente, como Kelly Roper de la siguiente historia, solicita a Miguel que limpie su casa porque siente la negatividad que hay dentro:

> *Acababa de mudarme a la casa de mi pareja, que tenía energía muy oscura, sobre todo por los*

*frecuentes intentos de suicidio de su exesposa. La casa también estaba llena de chatarra y estaba pintada con colores oscuros. Los amigos que me visitaban decían que el lugar se sentía frío y poco acogedor. Le pedí al arcángel Miguel que limpiara la casa de la negatividad, y seguí mi guía y la pinté de colores más claros.*

*Ahora las visitas comentan que la agradable y amorosa sensación que emana la casa. Suelo ver destellos de luz azul de vez en cuando y siempre saludo a Miguel, y le agradezco toda su ayuda.*

Fíjate cómo, además de Kelly, las visitas percibieron la diferencia en la energía de su casa. Creo que todos somos sensibles a la energía positiva y negativa que hay en las construcciones. Algunas personas no saben *por qué* les gusta más un lugar que otro, pero perciben el clima y el ambiente que reina en una habitación. Los niños, en particular, son capaces de sentir esas energías, como lo muestra la siguiente historia de Sarah Dickson:

*Sophie, mi hija de 2 años, es sumamente sensible a las energías invisibles de mucha gente, incluyendo las negativas, las cuales la despertaban en la noche y la dejaban muy inquieta y llorando. Como niña pequeña, Sophie despertaba con lo que pensábamos eran pesadillas o malos sueños. Pero cuando empezó a hablar, comprendí que su sueño estaba siendo alterado por espíritus inquietos que se comunicaban con ella a pesar de su deseo de descansar.*

*Entonces, empezamos a rezar y a pedirle al arcángel Miguel que la protegiera durante la noche. Pedimos que cualquier energía de miedo y negatividad no entrara a esta casa, y que se quedara y nos protegiera toda la noche.*

*Desde ese momento, Sophie ha dormido con mucha más tranquilidad (¡y su mamá y su papá también!). Mi hija ve ángeles, y dice el nombre de Miguel en voz alta antes de poner la cabeza en la almohada para dormir. Nos cuida y nos protege.*

La siguiente historia de Mary K. Gee es muy poco común porque las energías negativas de su casa causaban estragos. Esto no sucede con mucha frecuencia, pero cuando pasa, Miguel es el ángel al que debes llamar, como descubrió Mary:

*Cuando las cosas en mi última casa comenzaron a hacer ruido y me sentí mal, no entré en pánico. Sin embargo, no pasó mucho tiempo antes de que los objetos empezaran a romperse y a salir volando de las paredes. Mis perros estaban encogidos de miedo, el teléfono sonaba, pero no había nadie del otro lado de la línea. Llamé a una amiga que conoce sobre shamanismo y vino a visitarme para ver qué sucedía.*

*Me dijo que mi hija había traído a la casa energías bajas de la escuela. Una vez adentro, las energías se desprendieron de ella y se acomodaron para vivir aquí.*

*Me aconsejó que llamara al arcángel Miguel para que exorcizara esas cosas de mi casa. Así que pronuncié su nombre y le pedí que me ayudara en la limpieza. Al principio, intenté ayudar a Miguel visualizando yo las cosas. Pero es una batalla muy difícil, así que terminé por hacerme a un lado y dejé que él se encargara, lo que hizo con increíble destreza. Las energías nunca regresaron. Ahora invoco a Miguel cuando tengo miedo, y también he recurrido a él para cortar cordones.*

Igual que Mary, una terapeuta profesional que trabaja con ángeles de nombre Sophia Fairchild necesitaba ayuda inmediata y extrema del arcángel Miguel para limpiar las energías negativas y entidades atadas a la tierra de su casa:

*Hace muchos años, compré una casa en una colina con vista al mar. Estaba muy maltratada, pero en ese momento era lo único que podía comprar. Sospeché que algo andaba muy mal con la casa cuando, a pesar de su hermosa ubicación y bajo precio, nadie mostraba interés en comprarla.*

*Ahora viendo en retrospectiva, me doy cuenta que era muy obvio cuál era el problema. En la primera y única muestra de la casa, los escasos prospectos de compradores no habían pasado del pasillo de la entrada cuando se les fue el color de la cara. La mayoría corrió a refugiarse en sus autos y se fue a toda velocidad. El agente de bienes raíces se hizo a un lado, señalando la vista al mar y disculpándose por el hecho de que la casa estuviera vacía por tanto tiempo.*

*Yo también sentí la atmósfera fría y húmeda que emanaba de la casa, pero me atreví a entrar. Intenté no hacer una mueca de dolor ante la imagen de la tubería descompuesta, los hoyos en la pared, la basura acumulada durante años en las vigas de la deprimente cochera, y los artículos personales abandonados a las carreras, esparcidos como confeti en el patio. Pero la preciosa imagen del océano y los destellos de lo que alguna vez debió ser un magnífico jardín, ahora enterrados bajo las hierbas y la basura, me dio la confianza de que podía crear algo bello con este despojo de casa. Y además, era lo único que podía comprar.*

*Y en la subasta yo era la única pujadora, además de un hombre que sospechaba era un títere colocado allí para aumentar el precio a propósito. Por suerte, superé su* bluff *y me emocioné por haber podido asegurar la casa por una suma aún más baja de lo que esperaba. ¡Me parecía un milagro que tuviera mi propia casa! Sin embargo, mi hijo no estaba tan emocionado.*

*Poco tiempo después de que nos mudamos a la casa, empecé a escuchar historias curiosas de mis nerviosos vecinos sobre los residentes anteriores. Una mujer mayor que sobrevivió a los campos de concentración nazis había vivido allí durante muchos años antes de morir en mi recámara. Un alma atormentada, tomaba autobuses sin dirección específica por toda la ciudad todos los días, aparentemente para huir de algo o de alguien que siempre la perseguía. Era triste pensar que a pesar de todo lo que vivió, le daba mucho miedo estar en su propia casa.*

*Entonces, la casa cayó en el descuido a través de años de arrendatarios descuidados y propietarios ausentes que compraban la propiedad sólo por el valor de la tierra. Los últimos ocupantes fueron un grupo de ocultistas que debieron disfrutar el desfile de fantasmas que disfrutaban paseándose de noche por la casa azotada por el viento, antes de irse tan de prisa. Hasta mis gatos sabían que su casa estaba realmente encantada, pero aun así logré pasar por alto ese detalle.*

*Pedí la ayuda de un buen experto en feng shui para que empezara a limpiar la casa de su energía fría, húmeda y empalagosa. Roció la propiedad e identificó un par de líneas de poder que se cruzaban debajo de la casa. Clavamos pipas de cobre en el suelo con la esperanza de que la energía se calmara, y acomodamos los mue-*

*Miguel elimina miedos, fobias y negatividad*

bles en la recámara de mi hijo. Cuando el hombre hizo todo lo que pudo, se fue con la recomendación de llamar a un especialista para que hiciera un exorcismo. ¿Un qué? Está bien, un exorcismo. Pero ¿a quién llamo? Él no sabía. Eso no era algo que se buscara sencillamente en la sección amarilla.

Justo entonces empecé a decirme con firmeza que tenía que resolver la situación. Simplemente, hice a un lado la sensación de que no sabía absolutamente nada del tema, y no sabía hacia dónde voltear. En mi mente, seguía apareciendo la imagen de un vitral en una vieja catedral gótica. En ese momento, era mi única asociación con la palabra exorcismo. Con nada más a la mano, decidí buscar entre las polvorientas repisas de librerías antiguas para ver qué encontraba sobre exorcismos medievales.

Fue en una de esas librerías en las que encontré una ilustración del arcángel Miguel en un brillante vitral de una iglesia inglesa. En el libro con bordes dorados se incluían oraciones para pedir la asistencia del arcángel cuando uno se enfrenta a "demonios". Me di cuenta que tenía un buen rato conteniendo la respiración y empezaba a sudar. Esto fue lo más cercano a una descripción de cómo exorcizar una casa encantada.

El libro decía: "Miguel es el príncipe de los ejércitos celestiales. Debe invocarse con fe cuando *la mente y el cuerpo estén en peligro, e implorar su intercesión en la hora de la muerte para que las almas se vayan y sean llevadas ante el trono de Dios".*

*En cuanto escribí esas palabras, ya no pude negar la realidad y el alcance del embrujamiento, y comprendí lo impotentes que de verdad somos. Había estado pensando que tenía el poder para oponer resistencia y proteger a mi familia de las veloces legiones que andaban con libertad por nuestra casa todas las noches. No sabía lo que pensaba, pero Miguel me lanzó una cuerda de salvación. Empecé a llorar.*

*Fui criada en una diluida tradición cristiana, la cual no ponía énfasis en la drástica presencia de los ángeles. Ahora, estando parada en esa vieja librería esa mañana, mirando la imagen de Miguel dirigiendo su espada a la horrible bestia atrapada bajo sus pies, sabía que había encontrado al hombre adecuado para el trabajo.*

*Esa noche, mi hijo se había quedado a dormir en casa de un amigo. Me metí a la cama y cerré los ojos. Ya era hora. La habitación estaba helada, y toda la casa se encontraba agitada y tensa, como de costumbre. Sin estar segura de qué hacer, simplemente le recé al arcángel Miguel, pidiendo su ayuda. Al instante apareció en mi tercer ojo como una figura alta y exaltada. Sentí cómo su calor llenó el cuarto y de inmediato me sentí confortada por su presencia.*

*Miguel elimina miedos, fobias y negatividad* 179

*Le pedí que por favor me ayudara a deshacerme de los fantasmas o entidades que estaban en la casa. En cuanto se los mencioné, vi —como una pantalla de cine en mi tercer ojo— un gran número de figuras formándose en la oscuridad ante mí.*

*El arcángel Miguel se paró delante de mí, protegiéndome con sus grandes alas y su enorme aura de intensa luz blanca. Las almas que se habían reunido ante mí parecían no alterarse con la presencia de él. Después noté que hacía que se movieran hacia la derecha, donde una pequeña abertura de luz brillaba con más intensidad.*

*Fue como si una pesada piedra hubiera sido removida de la entrada de un costado de una montaña, y todos viéramos desde adentro de la cueva cómo los brillantes rayos del sol entraban para calentarnos. La luz blanca dorada que resplandecía a través de esa abertura parecía hacerle señas a los espíritus para que entraran. Lo único que hice fue observar cómo el arcángel Miguel los hacía pasar uno por uno por esa puerta para dirigirse al brillante sol.*

*Conforme la línea de sombras avanzaba y cruzaba la puerta iluminada, ¡más y más aparecían! La procesión se alargó por mucho tiempo, y aunque tenía ganas de dormir, luché para permanecer despierta y ver qué sucedía después.*

*El arcángel debió sentir mi fatiga. Ordenó a aquellos que aún no habían atravesado la puer-*

ta iluminada que se fueran por ahora y me dejaran en paz. Simplemente desaparecieron con esa orden. El arcángel Miguel abrió un portal para todas las almas perdidas para que pasaran y ya no siguieran inquietas y atoradas en un lugar al que no pertenecían. Todo esto sucedió sin ninguna lucha, de la manera más tranquila y compasiva.

La energía de nuestra casa se calmó de inmediato, y el arcángel regresó muchas veces para conducir a las almas hacia la luz. Donde aparecía, ellos llegaban de muchos sitios, se acomodaban por orden en una fila y se dirigían a la luz que él les ofrecía. Con el tiempo, ya no fue necesario que Miguel me visitara con tanta frecuencia, y nuestra casa empezó a sentirse más nuestra casa.

Un lugareño me dijo después que la tierra que está cerca de la cima de la colina había sido alguna vez un camposanto. Y la casa estaba sólo a unas cuadas de un cementerio que existía antes que llegaran los primeros pobladores. Obviamente, el arcángel Miguel llamó a un vasto número de almas, incluidas las que murieron hace siglos para que fueran hacia la luz.

Pasamos años muy felices en esa casa. Mucho después, después de revivir los bellos jardines y renovar la propiedad con mucho cuidado, vendí la casa de la colina a un precio récord. Para entonces, gracias al trabajo de Miguel, se escu-

*chaba jugar felices a niños pequeños en el vecindario. ¡Gracias, arcángel Miguel!*

Como hemos visto, la especialidad del arcángel Miguel es protegernos y llevarse el miedo y sus causas. Hace lo que sea necesario para ayudarnos a sentirnos seguros y tranquilos, y a veces eso significa que se aventure al área de la sanación física, trabajando en equipo con Rafael, el arcángel de la sanación, como veremos en el siguiente capítulo.

# Capítulo 8

# Arcángeles Miguel y Rafael

COMO SE mencionó en el Capítulo 7, los métodos de sanación del arcángel Miguel son poderosos y eficaces. De hecho, mucha gente reporta alivio inmediato del dolor y el miedo cuando piden su ayuda. Aunque por lo general no consideramos a Miguel el ángel "sanador", su trabajo sin duda tiene ese resultado, como lo ilustra la historia de Sandee Belen:

*Cuando era más joven, era bailarina, pero siempre tenía problemas con el pie derecho. De vez en cuando, los músculos se tensaban y se trababan, provocándome mucho dolor. Una noche que tenía un terrible dolor en el pie, me harté y le pedí al arcángel Miguel que me liberara de la causa metafísica a la que me aferraba para crear el efecto de incomodidad en esa área. ¡El dolor cesó de inmediato!*

He visto sanar gente instantáneamente de dolores crónicos después de la intervención de Miguel. Eso se debe a que gran parte del dolor muscular y de la columna es producto de los cordones basados en el miedo y la energía negativa. Una vez que Miguel corta esos cordones, el dolor desaparece.

No obstante, casi siempre que la gente desea la sanación física, invoca a seres asociados específicamente con la salud, como Jesús, algunos santos o deidades, o al arcángel Rafael.

El nombre Rafael significa "el que sana" o "Dios sana". Aparece en el texto canónico de la Biblia el Libro de Tobías, como el arcángel que curó la ceguera de Tobías. Rafael también acompaña a Tobías (o Tobit, como también se le conoce) en su viaje, ya que la segunda especialidad del ángel es la de ayudar a los viajeros.

## Sanación con los arcángeles

Los arcángeles Miguel y Rafael trabajan tan bien en equipo, que parece que su relación es la de mejores amigos. Verdaderamente complementan sus dones entre sí, y juntos brindan una combinación imparable de poderosas habilidades para sanar.

Con frecuencia recibo historias de sanación milagrosas sobre Miguel y Rafael, como este hermoso ejemplo de Beverly M. Czikowsky:

*Mi sobrino de 14 años fue diagnosticado con un aneurisma en la aorta y con un problema de coagulación de la sangre, por lo que una cirugía era complicada y peligrosa para él. Cuando iba a someterse a ella, rezamos juntos. ¡Mi valiente sobrino hasta entró cantando al quirófano!*

*El largo procedimiento fue un éxito, pero su estado empeoró al día siguiente. Como su cuerpo empezó a llenarse de líquido, sus signos vitales bajaron y su respiración se volvió superficial. El médico dijo que había hecho todo lo que había podido y lo único que quedaba era rezar. En mi opinión, la oración nunca es el último recurso, sino lo que nos mantiene.*

*Como familia, nos tomamos de la mano y formamos un círculo alrededor de la cama de hospital de mi sobrino. Juntos, llamamos a los arcángeles Miguel y Rafael, pero sentimos la presencia de muchos ángeles cariñosos. Hicimos una solicitud muy específica: "Por favor, saquen el líquido de su cuerpo, cúrenlo, y reemplácenlo con su maravillosa luz blanca". El cuarto se llenó de amor, real y tangible. Todos teníamos los ojos llenos de lágrimas, incluidas las enfermeras de UCI.*

*A la mañana siguiente, los médicos se quedaron sin palabras. Durante la noche, mi sobrino perdió cinco kilos de líquido corporal. Los doctores no encontraron una explicación médica. Dijeron que era un milagro.*

*¿Fue un milagro? Puede ser, pero yo creo que fue amor, puro y simple. Dios y sus ángeles son omnipresentes.*

*Hoy, mi sobrino es un sano guitarrista y compositor de 16 años ¡y yo soy una tía muy orgullosa!*

No importan cuál sea el estado médico, invocar a Rafael y a Miguel brinda una confortante presencia al paciente, al cuarto de hospital, y a otros aspectos relacionados con la sanación. La siguiente historia, de una amiga mía que se llama Ariel Wolfe, demuestra que la presencia de Miguel y Rafael es medible en un equipo médico sensible:

*Hace poco, tuvieron que hacerme varias resonancias magnéticas por un problema de salud. Siempre les pedía a Miguel y a Rafael que me acompañaran, y cuando estaba acostada completamente inmóvil en la base de la resonancia, disfrutaba de la energía de los dos ángeles y les decía que estaba lista para aliviarme.*

*Entonces, vi que Miguel y Rafael empezaban a baila alrededor de mí. Los arcángeles bailaban en círculos en el área de mi diafragma mientras yo yacía inmóvil en la estrecha mesa en el angosto tubo.*

*De repente, la voz de la enfermera se escuchó a través de la bocina del aparato de resonancia magnética y me anunció:*

*—¡Estamos detectando movimiento! Recuerde que debe permanecer quieta.*

*—Le prometo que no he movido un solo músculo —dije, feliz de saber que el movimiento de los ángeles estaba siendo detectado por la máquina.*

Me encanta la historia de Ariel por el humor del que hacen gala los ángeles y por su ingeniosa manera de hacerle saber que estaban con ella.

Aunque Rafael es el principal ángel sanador, siempre ayuda pedir que Miguel participe cuando se trate de alguna situación atemorizante. Después de todo, él es muy bueno para disipar el miedo, ¡y eso *siempre* es sano! Por eso, el siguiente relato milagroso de Susan Chorney es un bello ejemplo de cómo trabajan juntos los dos ángeles:

*El 14 de agosto de 2004, mis tres hijastros tuvieron un accidente de auto con su mamá. Nicole, mi hijastra de 13 años, entró en coma a causa de las graves heridas que sufrió en la cabeza, se le rompió la mandíbula y se le colapsó un pulmón.*

*De camino al aeropuerto para ir al hospital donde estaban los niños, sabía que necesitaba ayuda para superar esta situación trágica, así que tomé el libro* **Arcángeles y Maestros ascendidos,** *de Doreen, para que Paul, mi esposo, y yo pudiéramos aferrarnos a un hilo de esperanza de que Nicole sobreviviría.*

*Los médicos nos dijeron que posiblemente no pasaría la noche. Una y otra vez la envolví en luz blanca, invitando a los arcángeles Miguel y Rafael para que aliviaran su cerebro y su pulmón, y agradeciéndoles constantemente por estar con ella.*

*Nicole tenía una sonda en el cerebro que medía la inflamación, y entre más alto el número, mayores las posibilidades de que no sobreviviera. Con Dios como testigo, cuando rezaba por ella y pedía a Rafael y a Miguel que la curaran, la inflamación disminuía. Fue un hecho científico comprobado por los números del monitor. Este rayo de esperanza mantenía a mi esposo lejos de la desesperación. ¡No quería que me separara del lado de ella!*

*Nicole sobrevivió y hoy asiste a la preparatoria. Los médicos dicen que su recuperación fue increíble. Paul reconoce y aprecia todo lo que hicieron Miguel y Rafael a tal grado, que todos los días habla con esos ángeles. Hoy sabe que cuando necesita ayuda, sólo es cuestión de pedirla.*

Rafael guía a los sanadores para ayudar a sus pacientes. También asiste a los estudiantes de las artes de la sanación para que elijan su especialidad, y también les ofrece guía y apoyo para sus estudios. En la siguiente historia, queda claro cómo Miguel y Rafael brindan ayuda a los sanadores en situaciones desconcertantes. Después de todo, ser sanador implica mucha responsabilidad y a veces una gran cantidad de presión, como nos comparte la enfermera titulada Susan:

*No tenía ni idea de que de regreso a mi casa de la ciudad de Nueva York, donde tomé el curso de Practicante de Terapia con Ángeles, tendría la oportunidad de aplicar mis conocimientos en una situación de extrema necesidad, casi de vida o muerte.*

*Después 17 años de trabajar como enfermera titulada en el mundo empresarial, de evaluar reportes médicos de pruebas clínicas y reportes de eventos adversos, seguía teniendo el constante deseo de volver a trabajar directamente con la gente.*

*Durante mi vuelo, se escuchó un mensaje en los altavoces solicitando un médico o una enfermera. Después de identificarme como enfermera, una asistente de vuelo me pidió que la siguiera a la parte posterior para revisar a una mujer que se sentía mal. Conforme recorríamos aprisa el pasillo, en secreto deseé que hubiera un médico abordo.*

*Los demás pasajeros escanearon nuestras caras para saber qué sucedía. Tuve que contener las lágrimas cuando entré a la parte trasera, y me pregunté si podría ayudar a esta mujer que estaba en peligro después de tantos años de ausencia de las camas de hospital. Recuperé la compostura y la encontré sentada con una máscara de oxígeno. Sin equipo, tuve que confiar en mi instinto, y la ayuda de Dios y de los ángeles.*

*La encantadora mujer de más de 50 años estaba sentada, con su esposo de pie junto a ella. Joan (no es su nombre real) se veía pálida, aunque pudo contarme brevemente qué tenía. Le revisé el pulso, pero se escuchaba apenas, así que probé en la otra muñeca, y el resultado fue el mismo. Me preguntaba qué podía hacer por ella, sobre todo cuando los escalofríos la hicieron temblar. Parecía que estaba empeorando. Sin ningún médico a la vista, era obvio que éramos los ángeles y yo.*

*De inmediato, pedí ayuda de emergencia al cielo. Recé con fuerza para que los arcángeles Miguel y Rafael me ayudaran a mantener consciente a esa encantadora mujer hasta que aterrizáramos. Les imploré: "¡Por favor, no permitan que se desmaye!".*

*Esperaba que no tuviéramos que aterrizar de emergencia, sobre todo porque se le habían doblado las piernas a Joan cuando se dirigía a la parte trasera del avión. Y con cuatro horas de vuelo aún por delante y sin más ayuda abordo, confié plenamente en la ayuda de los ángeles. Cuando los escalofríos empeoraron y los cobertores no fueron suficientes, no se me ocurría cómo calentar a la mujer.*

*Rezando intensamente para recibir ayuda, dejé la inspiración Divina para cruzar el espacio y tomar algunos sándwiches calientes del desayuno (que estaban listos para repartirlos a los pasajeros) y los coloqué en la espalda y las manos de Joan. ¡Funcionó! Bebió té caliente, poco a poco le regresó el color a la cara y dejó de temblar. ¡Gracias, ángeles! Dije para mí.*

*Después hablé con el capitán del avión, quien a mi solicitud llamó a un médico cuando las cosas estaban tranquilizándose. Al final, la mujer soportó el vuelo y bajó del avión sin ayuda, ni fanfarrias. Había algunos paramédicos y policías del aeropuerto en la pista para revisar que todo estuviera bien.*

*Cuando me bajé del avión, sentí con fuerza que Dios me había apoyado para que volviera a trabajar con la gente. ¡Después de todo, eso fue lo que pedí! Y con el apoyo de los ángeles, fue una intervención muy exitosa. Gracias a Dios por Miguel y Rafael. No hubiera podido hacerlo sin ellos.*

Al leer la historia de Susan, ya te imaginarás la presión que tenía siendo la única sanadora profesional del avión. Por suerte, Miguel brinda confianza y valor mientras Rafael da guía específica para sanar. Sin duda, son una combinación ganadora para trabajar con ellos en situaciones que suponen un desafío.

## ¡Miguel y Rafael al rescate!

Los ángeles ayudan a la gente en muchas situaciones, además de brindar su trabajo de sanación en conjunto.

Como se describió en el Capítulo 6, Miguel es muy capaz arreglando artículos mecánicos y eléctricos. Bueno, en la siguiente historia de Deanne Millett, recibió un poco de ayuda de Rafael en una reparación:

> *Nuestro auto siempre estaba en el taller con algún problema, hasta que finalmente el mecánico dijo que había que cambiar la transmisión. No podíamos hacer ese gasto, así que recé y les pedí a Miguel y a Rafael que arreglaran el coche.*
>
> *En mi tercer ojo, vi a ambos arcángeles inclinados en el motor del auto, sacando piezas y reemplazándolas. Ambos se habían remangado los puños y tenían las alas guardadas atrás. Al siguiente día, el mecánico me dijo que la transmisión estaba bien y que el auto necesitaba reparaciones menores. ¡Gracias, Miguel y Rafael!*

La misión principal de Rafael es arreglar cuerpos físicos y brindar apoyo a los sanadores profesionales; sin embargo, en este caso, los miedos económicos de Deanne fueron sanados con su intervención. Ambos arcángeles son sanadores compasivos de emociones, porque Rafael sabe que la disminución de estrés es la mejor medicina preventiva, como descubrió la universitaria Julie Schwaiger:

> *Tengo dos empleos y voy a la universidad medio tiempo. Mi horario es agotador, pero debo man-*

*tener ese paso unos años más, así que me cuido bien.*

*Pero en una ocasión que estaba especialmente cansada y a punto de enfermarme, iba caminando de mi auto al salón de clases y simplemente no pude llegar. Estaba lista para darme por vencida. Estaba exhausta; además, esa profesora en particular era un poco difícil de tratar, y me sentía emocionalmente vulnerable.*

*Entonces, les pedí a los arcángeles Miguel y Rafael que me ayudaran a llegar al salón de clases y me protegieran de la profesora. Justo cuando lo hice, sentí dos presencias caminando junto a mí levantándome, de manera que mis pies apenas tocaban el piso. También sentí brazos alrededor de mis hombros, a ambos lados, como si me confortaran y sostuvieran al mismo tiempo.*

*Esta experiencia me inspiró lo suficiente para reunir fuerzas e ir a clase. ¿Y sabes qué? ¡La profesora me dejó en paz! ¡Ni siquiera molestó a nadie ese día! ¡Desde entonces, pido protección todos los días!*

⚜ ⚜ ⚜

Los arcángeles responden a nuestras llamadas de ayuda, y eso incluye cuando les pedimos asistencia para otra persona, como veremos en el siguiente capítulo.

# Capítulo 9

## *Invoca a Miguel en nombre de otra persona*

MIGUEL NO puede violar el libre albedrío de una persona. Por lo tanto, tienes que pedir su asistencia para que pueda intervenir. La única excepción es cuando la gente está en peligro mortal antes de que sea su hora, e incluso entonces muchos tienen que seguir la guía de Miguel (recurriendo a las decisiones de su libre albedrío) para vivir la intervención.

Así que invariablemente surge la pregunta: *¿Está bien que le pida ayuda a Miguel para otras personas, o es una forma de violar su libre albedrío?*

Son dos respuestas:

1. Cuando llamas a los ángeles para otra persona, su *presencia* es sanadora y reconfortante, aunque

no intervengan directamente en la vida del individuo.
2. Los ángeles pueden intervenir en cualquier situación según el grado en el que te afecte.

Como ejemplo del segundo punto, digamos que te preocupa, y te afecta físicamente, que tu cónyuge fume. Si les pides a los ángeles que te ayuden con esta situación, pueden hacerlo con los aspectos que tienen que ver directamente contigo, como alejar el humo y aumentar tu fe y tu paz interior. Aunque no pueden obligar a tu pareja a que deje de fumar, su presencia puede calmarla o calmarlo lo suficiente para que su deseo de fumar se reduzca o se elimine.

Es una buena idea que le pidas al arcángel Miguel que cuide a tus seres queridos, como muestra este relato de Debbie Allen:

> *Desde hace casi un año, mi esposo compró y maneja un camión de diez toneladas y de eso vivimos. Cada mañana, cuando se va, le pido al arcángel Miguel que lo envuelva en luz y lo cuide, proteja y dé guía Divina durante el día. También pido que la luz Divina y los ángeles envuelvan el camión, protegiendo la mercancía. Después, solicito que los ángeles recuerden a los otros conductores que le den el espacio suficiente al camión en el camino.*
>
> *Sé que el arcángel Miguel ha protegido a mi esposo, y existen tres incidentes para probarlo.*

*Una vez, iba entrando a una carretera y con el rabillo del ojo vio que un auto venía hacia él a toda prisa. Mi esposo pisó los frenos y se preparó para la inevitable colisión. Vio cómo los tres pasajeros adolescentes y el conductor se dirigían a su camión. Para sorpresa de todos, ¡el auto se detuvo a un centímetro de distancia del camión!*

*En otra ocasión, un auto le pegó a mi esposo en la parte trasera, ¡pero nadie salió lastimado, ni los vehículos dañados!*

*El último incidente sucedió un día antes de que entrara en vigor la nueva póliza de seguro del camión. Habíamos recibido una tarifa de la mitad de lo que habíamos estado pagando con la aseguradora actual, pero estaba condicionado, ya que nunca habíamos tenido un siniestro.*

*Mi esposo me llamó para darme la noticia de que una mujer estaba reclamando que le había pegado en el costado de su auto. No sabía que había chocado con alguien, y luego de reportar el incidente a la delegación de policía, le informaron que un oficial había sido testigo del accidente y decía que era su culpa. Era bastante obvio que iban a hacerlo responsable, y el costo de las primas del seguro iban a duplicarse.*

*Recordé el incidente anterior y decidí no perder la fe. No sabía cómo, pero estaba segura de que el arcángel Miguel no me fallaría. Esa noche, llegué a casa cuando mi esposo estaba colgando el teléfono.*

—*¡No te imaginas qué pasó!* —*Exclamó. Aparentemente, la mujer había dicho que cómo su vehículo no tenía daños, quería olvidar todo.*

Como a Miguel le gusta reparar automóviles, no es de sorprender que las oraciones para este tipo de intervenciones se respondan de inmediato, aunque sea en beneficio de otra persona, como vivió Rebecca Guthrie:

*Mi amiga me llamó y estaba bastante angustiada. Se había detenido en un área de descanso, pero cuando quiso irse, el auto no arrancó. Estaba haciéndose tarde, y le preocupaba quedarse allí hasta la media noche, esperando que apareciera el mecánico de auxilio vial.*

*Mi amiga sabía que yo tenía una fuerte conexión con los ángeles, así que me llamó para pedir que la ayudaran. Le pregunté si ya había invocado a Miguel para que la ayudara a arrancar el auto. Dijo que sí, pero que no había funcionado.*

*De inmediato, llamé a Miguel para que arreglara el coche y lo vi empinado sobre el motor, trabajando en él. Cuando noté que terminó, le pedí a mi amiga que lo prendiera; sin embargo, no encendió. Sabía que ella dudaba de la capacidad de los ángeles para reparar el auto, y su falta de fe era lo que evitaba que arrancara.*

*Le pedí que se deshiciera de las dudas y que confiara en los ángeles. Guardó silencio un mi-*

*Invoca a Miguel en nombre de otra persona*

> *nuto mientras dejaba la situación entera en manos de Dios. Cuando me dijo que estaba lista, le pedí que encendiera el auto. ¡En esta ocasión, prendió enseguida! Estaba completamente sorprendida, y para mí fue un hermoso recordatorio de que con fe todo es posible.*
>
> *Miguel también nos ha ayudado a mi pareja y a mí en muchas ocasiones con problemas mecánicos y con la computadora. Me ayudó a conectar mi sistema de teatro en casa y también a conectar la banda ancha, enseñándome imágenes con instrucciones paso a paso en mi mente.*

Como lo ilustra la historia de Rebecca, la ayuda de Miguel incrementó la fe de su amiga, lo que creo que es la motivación más importante detrás del trabajo de reparación del arcángel. Fíjate cómo Rebecca hizo su parte siguiendo su guía, que le llegó en forma de imágenes mentales. Otras personas la reciben como sensaciones intuitivas o a través de ideas.

El siguiente relato de una mujer que se llama Li Ann demuestra cómo la asistencia de Miguel desafía la lógica normal:

> *Era nueva en esto de trabajar con los ángeles y me concentré en el arcángel Miguel porque su nombre me era familiar y creí que él supervisaba a los demás ángeles.*
>
> *Una amiga que sabía de mi conexión con los ángeles me llamó por teléfono para pedirme que*

*rezara en su nombre porque había perdido la llave de su auto la noche anterior. Iba a su vehículo para programar el código en una llave de repuesto. Recé: "Agradezco que el arcángel Miguel y los demás ángeles acompañen a mis amigos para que tengan un viaje seguro y que el auto encienda al instante".*

*Mi amiga me dijo que nunca habían programado la llave de repuesto, así que iba leyendo las instrucciones de camino al auto. Un poco más tarde me llamó para preguntarme si había invocado al arcángel Miguel. Cuando respondí que sí, me pidió que le explicara cuál había sido mi oración. Lo hice y luego le pregunté por qué quería saberlo.*

*—No vas a creer lo que sucedió —contestó—. Tengo una hora analizando las indicaciones para el código. Cuando llegamos al auto, abrí la puerta que no estaba cerrada con llave, metí la llave, que nunca había sido programada, y el auto arrancó sin que yo hiciera nada.*

*Eufórica por escuchar la historia, le dije:*

*—¡Bueno, los ángeles lo resolvieron! ¡Es increíble! —Como ésta fue mi primera experiencia con ángeles (que yo supiera), me dio mucho gusto que mi amiga la confirmara, ¡y estoy segura de que seguiré trabajando con Miguel y el resto de los ángeles después de esto!*

Como hemos visto hasta ahora, el arcángel Miguel tiene muchos talentos, como el de proteger, reparar y sa-

*Invoca a Miguel en nombre de otra persona* 201

nar. Aunque cada uno del resto de los arcángeles tiene su especialidad, podemos decir con seguridad y gran respeto que Miguel es el "arcángel para todos los propósitos" que debemos invocar en cualquier circunstancia.

Por lo general, pensamos en san Antonio o en el arcángel Chamuel cuando se trata de encontrar objetos perdidos, pero como lo muestran las historias de este capítulo, Miguel también es muy diestro para encontrar cosas.

Si *estás* buscando un objeto perdido, el siguiente relato quizá te sirva de ejemplo de lo que sucede cuando pides la ayuda del arcángel Miguel. Susan Gunton descubrió que Miguel encuentra cosas perdidas aunque se lo pidas en nombre de otra persona:

*Trabajo con un hombre que era muy escéptico cuando se trataba de ángeles. Un día, estaba apurado buscando unos recibos para que pudieran reembolsarle el importe. Estaba desesperado por encontrarlos porque había gastado una buena parte de su dinero personal para gastos de la compañía.*

*Unas cuantas veces, le dije que pidiera la ayuda de los ángeles:*

*—Si no sabes a quién llamar para algo en específico, siempre puedes pedirle apoyo al arcángel Miguel porque él ayuda con* todo. *—Bueno, para mi sorpresa, después me llamó para decirme que sí había invocado a Miguel para que le ayudara a encontrar los recibos. Se fue a su casa*

> *y los encontró en un lugar donde nunca los habría buscado. ¡Estaba muy emocionado!*
>
> *Cuando volvió a la oficina, le dijo a nuestro supervisor lo que había sucedido y cómo encontró los recibos. ¡Ahora le pide ayuda al arcángel Miguel todo el tiempo!*
>
> *Mi mamá también trabaja con el arcángel Miguel para encontrar cosas perdidas. Por ejemplo, tenía un par de semanas buscando sus guantes. Le sugerí que le pidiera a Miguel que la ayudara a buscarlos. En cuanto lo hizo, se le ocurrió ir por una lata de café de reserva que tenía en la alacena, un sitio en el que jamás hubiera pensado que estarían los guantes. ¡Y quién lo diría, estaban en la alacena junto al café! Ahora pide ayuda con más frecuencia.*

Invocar al arcángel Miguel en nombre de otra persona es un gesto amable de tu parte, ¡sin efectos negativos! ¿Y quién sabe? Otra persona podría devolverte el favor un día, como descubrió Anne:

> *Hace poco, le regalé a una amiga querida unas cartas del oráculo con la figura del arcángel Miguel como recordatorio de que este poderoso arcángel cuida estupendamente de nosotros.*
>
> *Casi al mismo tiempo, empecé a tener problemas de dinero. Mi consultorio de sanación no me producía ingresos suficientes. Me daba tristeza volver a un trabajo normal, porque me en-*

*cantaba lo que estaba haciendo. Un día que salía a trabajar, la misma querida amiga me dijo que le había pedido al arcángel Miguel que me ayudara con el asunto de mi trabajo. En una semana, en la oficina donde trabajaba se abrió un puesto completamente nuevo: "coordinador de bienestar". La descripción del trabajo parecía hecha a mi medida. ¡La solicité y me eligieron para el puesto! Gracias, arcángel Miguel.*

Anne encontró su trabajo perfecto con ayuda del arcángel Miguel, y en el siguiente capítulo, veremos qué otras cosas también nos ayuda a encontrar.

## Capítulo 10

# Miguel te ayuda con la carrera y la misión

AQUELLAS PERSONAS que van por el sendero espiritual y trabajan con ángeles tienden a ser individuos sensibles que prefieren la compañía de gente amable y dedicar su tiempo a actividades importantes y placenteras. Así que no es de sorprender que los individuos espirituales deseen una carrera agradable con esas mismas características de amabilidad e importancia. Muchos quieren contribuir con algo de valor al mundo, como ayudando y sanando a la gente, al medio ambiente, a los animales, o alguna otra causa.

El arcángel Miguel es a quien debemos recurrir para cualquier aspecto de la carrera y la misión. Él tiene acceso a tus archivos *akáshicos* (o "Libro de la vida"), donde está el plan de tu alma para esta vida. Si has olvidado cuál es tu misión o si no estás seguro de ir por el camino correcto, Miguel puede ayudarte.

Yo recomendaría ir a un sitio tranquilo con un cuaderno y una pluma y realizar una sesión de preguntas y respuestas con Miguel. Primero, pídele que escriba sus mensajes a través de tu pluma y que sólo su voz Divina sea transmitida. Después escribe las dudas que tengas sobre tu carrera y anota las impresiones —como pensamientos, ideas, visiones o palabras— que tengas.

Si no sabes si estas impresiones son producto de tu imaginación, escribe esta pregunta para el arcángel: "¿Cómo sé que estás comunicándote conmigo?". Por su respuesta sabrás que sus mensajes son muy reales.

También pídele a Miguel que te mande señales para guiarte hacia el sendero profesional adecuado, y que te ayude con tu seguridad económica en los cambios de carrera.

Miguel ayuda especialmente a aquellos que dejan un trabajo seguro, pero que no les agrada, para autoemplearse o iniciar la carrera de sus sueños, como descubrió Claire Jennings:

*Mi sueño siempre había sido tener una tienda metafísica, pero como madre soltera con dos hijos pequeños, necesitaba un ingreso fijo. Así que le pedí guía al arcángel Miguel, y recibí un fuerte mensaje de que empezara con una tienda en eBay, y los fines de semana en los puestos de mercado.*

*Bueno, fácilmente acepté la guía de eBay, pero la sugerencia de los mercados no tenía sentido para mí. No dejaba de pensar: Primero tengo que hacer un inventario de los productos, <u>después</u> estaré lista para tener un puesto. ¡Obviamente, Miguel tenía razón y las dudas eran producto de mi ego!*

*Seguía resistiéndome a la guía intuitiva de tener un puesto en los mercados ambulantes, siempre discutiendo con Miguel que no tenía suficientes productos. Por fin, oí su voz clara como el día: "¡Expándete!". Me tomó un minuto entender que se refería a que expandiera mis productos en una mesa. Cuando lo hice, me di cuenta de que tenía mercancía más que suficiente para un puesto.*

*Esa noche, el arcángel Miguel me visitó en sueños y vertía sobre mi cabeza una enorme cornucopia de monedas. Empecé a vender en el mercado y es muy divertido, satisfactorio y próspero. Y desde que inicié mi puesto, ¡las ventas en eBay también han aumentado drásticamente!*

*Siento que Miguel me impulsa y no me deja sola. Siempre que dudo de una idea que "surge" en mi cabeza, las ventas bajan. Pero cuando escucho las ideas inspiradas por el Divino, las ventas mejoran, como recompensa.*

La historia de Claire ilustra cómo el arcángel brinda guía confiable para la carrera que produce recompensas emocionales y financieras. Es normal que te resistas o te sientas intimidado cuando te alienta a avanzar en dirección a tus sueños. El ego humano dice: "¡No estoy preparado!" o "No merezco esta felicidad" cuando se abren las puertas de la prosperidad. Por suerte, el arcángel Miguel las cruza contigo, dándote apoyo y confianza, como comprobó una mujer de nombre Maree:

*Trabajé en un laboratorio casi seis años procesando muestras de suelo para una compañía minera mundial. Como mi trabajo no era precisamente amigable con la Tierra, empecé a sentirme muy infeliz y frustrada. ¡Ya no era yo!*

*Un día estaba tan fatigada y estresada, que grité en silencio:* ¡Ángeles, ayúdenme! ¡Quiero dejar este trabajo! *¡Nunca en mi vida había suplicado tanto por algo.*

*Las semanas pasaban y yo seguía pidiendo: "Miguel, por favor, avísame cuando sea el momento de que deje este trabajo. Dime cuándo puedo hacerlo económicamente".*

*El día que mi plegaria fue respondida, me llené de una sensación de poder, paz y tranquilidad. Esas sensaciones provenían de mi corazón, ¡y de repente vi a Miguel con mis propios ojos! Sólo dijo: "Es momento". ¡No sabía si llorar o reír!*

*Dos días más tarde, entregué mi renuncia; y la sensación de paz y tranquilidad no me abandonó durante varios días. Muy en el fondo sabía que estaba haciendo lo correcto, y no tenía ni una sola duda en el corazón y en la mente de que la guía venía del arcángel Miguel.*

*Eso fue hace 13 meses, y no sólo volví a encontrarme a mí misma, también he desarrollado mis capacidades espirituales. Y por si eso no fuera suficiente, ¡ya descubrí cuál es la misión de mi vida! Lo único que puedo decir es que el arcángel Miguel es el mejor amigo de una chica, ¡mucho mejor que cualquier diamante! Así de simple, es mi mejor amigo.*

La guía de Miguel también abarca las actividades diarias de la carrera. Una mujer de nombre Helen aprendió directamente que puede asegurar la sincronización adecuada cuando se trata de llamadas telefónicas de negocios:

*Mi gerente y yo trabajamos en una oficina pequeña en Canadá. Gran parte de lo que hacemos es comunicarnos con comunidades lejanas del norte. Debido a las duras condiciones climáticas, las líneas telefónicas y el equipo que da servicio a esas comunidades fallan con frecuencia, convirtiéndose en todo un reto que cumplamos con las fechas límite.*

*Pero hace poco, empecé a invocar al arcángel Miguel para asegurarme de que las comunidades recibieran su información. Funciona tan bien, que mi gerente se dio cuenta de que algo había cambiado, pues teníamos menos problemas de comunicación que antes. Le dije que pidiera ayuda a Miguel, no se mostró renuente y dijo que pensaba que era una idea magnífica.*

*Una semana después, teníamos una entrega de urgencia, y en tres días ciertos miembros de 50 comunidades tenían que firmar algunos documentos. Entonces, le pedí ayuda a Miguel y las cosas salieron bien y a un paso increíble.*

*Un día antes de la entrega, nos faltaba una comunidad. Mi gerente intentó comunicarse con la persona que necesitaba firmar el contrato, pero no hubo respuesta. Tenía muchos números telefónicos para contactarla, así que dejó mensajes donde pudo, sin embargo no lo encontraba.*

*Entonces se acordó del arcángel Miguel, le pidió ayuda y empezó a marcar. En esta ocasión, pudo comunicarse con la persona, los documentos se firmaron antes de la fecha de entrega, y todo salió perfecto.*

Solemos pasar más tiempo con nuestros compañeros de trabajo que con la familia y los amigos, así que es reconfortante saber que Miguel ayuda a sanar y a armonizar nuestras relaciones profesionales, como descubrió una mujer de nombre Lisa Toplis:

*Había empezado a trabajar medio tiempo en una oficina que compartía con un hombre que me hacía sentir incómoda. Yo había asumido parte de su trabajo, pues estaba muy ocupado para realizarlo, entre otras cosas. Pero en cuanto empecé en el puesto, sentí ira y resentimiento de su parte. Siempre que yo intentaba realizar alguna tarea, él hacía comentarios condescendientes.*

*No quería albergar malos sentimientos en su contra, pero era muy difícil ignorarlo. Trabajábamos juntos en un área tan reducida, que no veía cómo escapar de la situación. Cuando al inicio de la tercera semana descubrí que el problema continuaría, en silencio le pedí al arcángel Miguel que me ayudara:* Querido Miguel, agradecería mucho tu ayuda con este problema, como estoy tan cerca de este hombre, no puedo ignorarlo. No quiero sentir eso por mi trabajo, por él o por mí.

*A la semana siguiente, cuando volví a la oficina, sucedió un verdadero milagro. El gerente de la oficina se acercó a mi escritorio y dijo:*

—Lisa, estás muy apretada en esta oficina, déjame volver a pensarlo. —*Unas horas más tarde, me instalaron en la oficina del director de ventas, cómoda y sola. (El director de ventas siempre estaba fuera, visitando prospectos e iba a la oficina en muy raras ocasiones). ¡Podía trabajar y hacer llamadas en paz!*

*Estoy muy agradecida con el arcángel Miguel por rescatarme de una situación tan incómoda y desagradable —y por hacerlo tan rápido, con el resultado exacto. Como empleada de me-*

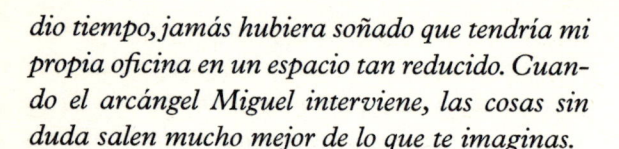

> *dio tiempo, jamás hubiera soñado que tendría mi propia oficina en un espacio tan reducido. Cuando el arcángel Miguel interviene, las cosas sin duda salen mucho mejor de lo que te imaginas.*

Si sueñas con dejar tu actual empleo por algo más satisfactorio, entonces las siguientes dos historias, en las que la gente recibió ayuda para eso, te inspirarán. Cuando leas el relato de Annelies Hoornik, recuerda que puede ofrecerte la misma asistencia en tu carrera:

> *Sentía mucho estrés en mi trabajo de programas para computadoras, ya que la compañía había despedido a muchos empleados y yo hacía el trabajo de nueve personas. Había escuchado que la meditación ayudaba a controlar el estrés, así que decidí intentarlo.*
>
> *Después de tres semanas de meditaciones diarias, ¡tuve una experiencia profunda! Sentí que me elevaba del sillón y me dirigía a un sitio lleno de intensa luz blanca. Vi tres escalones que conducían a un patio. Un hombre de apariencia amigable estaba allí, y empezó a caminar hacia mí. Me di cuenta de que su ropa era muy informal, pero la intensa luz tapaba su rostro.*
>
> *Me dijo que quería enseñarme algo, y me extendió la mano. La tomé, porque se veía agradable y de confianza. Y cuando se dio la vuelta para caminar delante de mí, vi las enormes alas blancas que salían de su espalda. Eso me dio*

*Miguel te ayuda con la carrera y la misión* 213

*miedo porque cuando era niña me dijeron que los ángeles te llevaban cuando morías. Yo quería estar viva y de regreso al sillón de mi sala, cosa que sucedió al instante.*

*Sabía que había conocido al arcángel Miguel. Nadie me lo dijo, yo simplemente lo sabía. También sabía que no me llevaba a la muerte y que no corría peligro si volvía a ponerme en contacto con él. Así que al día siguiente, me senté a meditar y decidí ver si Miguel volvía a acercarse. No sabía qué esperar, ya que no tenía experiencia con los ángeles. Simplemente me senté, medité y envié el mensaje de que si seguía allí y quería enseñarme lo que había venido a mostrarme el día anterior, yo estaba dispuesta a ir a verlo.*

*En un segundo estaba de regreso con Miguel en ese sitio. Me mostró un lugar especial para meditar y encontrar paz mental. En los días y las semanas siguientes, pasé mucho tiempo en un lugar blanco y vi muchas cosas. Miguel me presentó a mi ángel de la guarda, a dos ángeles sanadores y a otros arcángeles.*

*El arcángel Miguel fue muy claro al decir que debía dejar de trabajar en la industria de programas para computadora y empezar un consultorio de sanación de tiempo completo. Dijo que lo haría antes del 1º de mayo de 2002. Cada visión que me mostró el arcángel se ha vuelto realidad, incluyendo mi consultorio de sanación, que se in-*

*auguró el 29 de abril de 2002. Mi vida es mucho más feliz por la guía constante del arcángel Miguel. Es muy satisfactorio ayudar a la gente a sanar, y no me imagino haciendo otra cosa.*

Asistiendo a Annelie con su carrera, el arcángel Miguel ayudó a toda la gente que se beneficia con las sesiones de sanación. Fíjate en la alegría que Annelie expresa, ya que ésa es una de las razones por las que Miguel nos ayuda en el sendero de nuestra carrera. Su felicidad también es un indicador de que vamos por el camino correcto, ya que nuestra misión Divina siempre es agradable y positiva.

Miguel me ha enseñado que todos tenemos talentos y dones únicos que podemos usar para servir al mundo. Cuando trabajas un área que combina con tus intereses, tu trabajo es alegre y exitoso. La vieja creencia de que debes sufrir para ganar dinero es puritana y anticuada. Estamos entrando a una nueva fase de nuestro sendero espiritual colectivo en el que todos serán empleados en carreras relacionadas con sus talentos naturales, sus pasiones y sus intereses. Y el arcángel Miguel supervisa este cambio positivo y sano.

Una terapeuta con ángeles llamada Valerie Camozzi es la prueba viviente de que cuando se trata de guía en la carrera, el arcángel Miguel es el mejor entrenador para la vida que existe:

*Durante 25 años trabajé como enfermera profesional en el área de terapia intensiva neonatal*

## Miguel te ayuda con la carrera y la misión 215

*y pediátrica. Me encanta trabajar con niños y con sus familias, y asistir un parto fue el punto culminante de mi trabajo. Pero por mucho que disfrutaba de mi empleo, mi carrera como enfermera se volvía menos satisfactoria. Sentía un vacío.*

*Mi corazón se inclina por enseñar a los demás a usar sus capacidades intuitivas para comunicarse con sus ángeles y escucharlos. Cada vez me sentía menos conectada con mi trabajo en el hospital. Una noche, antes de quedarme dormida, le pedí ayuda al arcángel Miguel. Le dije que me encantaba trabajar con familias y bebés, pero que ya no era feliz en mi trabajo.*

*A la mañana siguiente, sentí que había dormido una semana. No recordaba lo que había soñado. Cuando me levanté, sentí una profunda sensación de paz, tenía energía y estaba contenta. Fui a dar una caminata, y cuando regresé, escuché una voz en mi cabeza que me dijo que fuera a la computadora. Me senté y escribí mi carta de renuncia al hospital. Le puse la fecha, la firmé y la eché al correo. Hasta hoy, no recuerdo qué escribí. Mi jefa de enfermeras dijo que la carta la conmovió profundamente y que aunque le daba tristeza que me fuera, entendía y me deseaba lo mejor.*

*Creo que el arcángel Miguel me dictó la carta de renuncia ese día. Siento que me dio valor para dejar el trabajo que había hecho durante muchos años. Hoy enseño sobre ángeles, desarrollo intuitivo, meditación y sanación de energía tiempo completo. Y también sigo atendiendo partos particulares como guía para los padres.*

## Epílogo

**D**IOS QUIERE que tengamos una vida tranquila, positiva y feliz, lo que todos los padres quieren para sus hijos. Los ángeles son los regalos que el Creador nos da para que nos guíen y nos protejan en todo el camino. Así como nos gusta que la persona a la que le damos un regalo lo disfrute, el Divino también quiere que disfrutemos el regalo de los ángeles.

Si estás de acuerdo con la premisa de que Dios es todo amor, entonces es imposible que el Creador conozca otra cosa que no sea amor. Pero a veces la existencia humana tiene un porcentaje bajo de este sentimiento en la vida diaria. Los ángeles son el puente entre la verdad de Dios de amor completo y la experiencia humana de drama y dolor. Los ángeles ven la verdad espiritual y las ilusiones del ego, así que en los sueños humanos brindan la luz pura, el amor y la sabiduría del Cielo.

Como el supervisor de los ángeles, Miguel es el representante en la Tierra de la fuerza que todo lo abarca del Divino. Demuestra que todas las cosas son posibles en el sendero espiritual. Nos ayuda a vivir en el mundo de pureza y divinidad de Dios en la tierra.

Miguel es la personificación de la compasión porque asiste a todos en lo que necesiten. Nunca juzga el "valor" de una persona, simplemente dice sí a lo que brinde seguridad y paz.

Miguel es sabiduría en acción. Sus soluciones milagrosas, su guía, sus intervenciones y sus sanaciones con completamente ingeniosas. Tiene la solución perfecta para cada crisis, creada en un solo segundo. Por eso no tienes que preocuparte por *cómo* te ayudará el arcángel, ni entregarle un guión para que lo siga. Sólo pide su ayuda y déjale la solución a él.

Miguel es un constante recordatorio de la presencia de Dios en la Tierra. A veces, te sientes solo o abandonado, pero lo único que tienes que hacer es pensar en el nombre del arcángel y allí está. Respira y siente la calidez de su presencia, y presta atención a las ideas y las visiones que recibes como su guía.

Miguel te da apoyo, valor y confianza. Si estás haciendo, o consideras hacer, un cambio en tu vida, entonces asegúrate de pedirle que te acompañe durante el proceso. Aumentará tu determinación de hacer cambios sanos, así como de guiarte a nuevas oportunidades y ayudarte a sanar de las experiencias del pasado.

Pídele a Miguel que viva contigo, si quieres. Como es totalmente ilimitado y omnipresente, puede estar con todas las personas que soliciten su presencia.

También invítalo a tus sueños, porque en la noche tu mente está mucho más tranquila y abierta a los ángeles que en el ajetreado día. Cuando vayas a dormir, pídele a Miguel la guía o la sanación que necesites. Al despertar, quizá no recuerdes lo que sucedió durante la noche, pero sabrás que habrás cambiado para mejorar.

Si prefieres pedirle a Dios que mande a Miguel a tu lado o hablar directamente con el arcángel, no olvides que pedir su ayuda es un paso hacia delante en la creación de paz en la tierra, una persona a la vez, comenzando *contigo*.

Recuerda que Dios y el arcángel Miguel te aman incondicionalmente. Ven tu magnificencia Divina, tus talentos, tu bondad y tu radiante luz. Para ellos, eres un ángel en la Tierra y están felices de apoyarte para que cumplas con tu misión de ángel. ¡Disfruta el proceso! ¡Tu alegría anima a tu corazón y a todos los que te rodean!

Con amor,<br>Doreen

## Acerca de la autora

DOREEN VIRTUE tiene licenciatura, maestría y doctorado en terapia psicológica, y es una clarividente de toda la vida que trabaja con el reino de los ángeles. Es autora de "Medicina de ángeles", "Sanación con los ángeles", entre otros libros. Sus obras se encuentran disponibles en casi todos los idiomas.

Doreen ha aparecido en los programas de televisión estadounidense Oprah, The View, Good Morning America, CNN, y otros programas de radio y televisión. También escribe columnas para las revistas *Woman's World*, *New Age Retailer* y *Spirit & Destiny* (todas publicaciones estadunidenses). Si necesitas más información sobre Doreen y los cursos que da, por favor visita la página www.AngelTherapy.com

También puedes escuchar el programa de radio semanal de Doreen visitando HayHouseRadio.com

# TÍTULOS DE ESTA COLECCIÓN

- *Arcángeles y maestros ascendidos.*
- *Cómo escuchar a tus ángeles.*
- *Guía diaria de tus ángeles.*
- *Los milagros del arcángel Miguel.*
- *Los milagros sanadores del arcángel Rafael.*
- *Medicina de ángeles.*
- *Mensajes de tus ángeles.*
- *Números angelicales.*
- *Reinos de los ángeles terrenales.*
- *Sanación con hadas.*
- *Sanación con los ángeles.*
- *Terapia con ángeles.*

Impreso en Offset Libra

Francisco I. Madero 31

San Miguel Iztacalco,

México, D.F.